特集〈ベイビーシアター〉!

『ぐるぐる』
CAN 青芸 /2003 年

『はじめてのコンサート』
ロバの音楽座 /2003 年

『あかいりんごをひとつかく』
小森美巳企画 /2004 年

『小さい劇場０１２３』
劇団風の子 /2005 年

『オトのサンポ』
岩橋由梨&素 /2005 年

『ぽかぽかぷくぷくマインマイン』
香味野菜 /2006 年

『ポッケのワンピース』
人形劇団クラルテ /2006 年

『あらどこだ』
人形劇団プーク /2007 年

『ちいちいにんにん』
人形劇団ののはな /2007 年

「はじめてのおしばい」
2001～2010年

『歌子さんのはじめてのコンサート
「最高の子守歌」』リーフ企画/2009年

▼2001年～2010年の10年間に14作品が発表されていくなかで、ベイビーシアターに求められるものの検討が深まり、認識が次第に共有されていった。▼「はじめてのおしばい」の取り組みは、その後のベイビーシアターの展開のための貴重な体験の場であった。

【本文9～11ページ参照】

巻頭言

ベビードラマが照らし出したもの
～日本児童劇の位置～

劇作家・演出家
ふじたあさや

今年、りっかりっかフェスタは、コロナが五類になったことで、三年ぶりに世界の児童劇人との交流が復活し、国際フェスらしい活況を呈しました。二年続きで映像参加だった海外作品も、今年は対面で生の舞台に接することが出来、シンポジウムも海外勢を迎えて行うことが出来ました。

そのシンポジウムの一つ、『ベビードラマの世界、創作の現場と上演から』に参加して、刺激されることが多かったので、そのことに触れてみたいと思います。

もともと、児童演劇の中に。ベビードラマというジャンルはありませんでした。『ベビードラマ』あるいは『ベビーシアター』と称するジャンルがヨーロッパでは始まったようだ、という情報が日本にもたらされたのは、二十年ほど前だったと記憶しています。「日本でもやってみようよ」と言い交わしながら、「赤ん坊から入場料がとれますか？」とか、「それってどういう意味があるんですか？」などと言われる壁があって、なかなか実現しませんでした。やっと試みが始まったのは、十年ぐらい前でしょうか。私が企画に参加している川崎市の芸術フェスティバル『アルテリッカ』でも、五年前から毎年「ベビードラマ」に取り組んで、成果を挙げています。

はじめはお母さんの膝にすがって動かなかった赤ちゃんが、演者の動きに目を止めて、じっと見つめているかと思うと、やがて釣り込まれたように、動きを模倣しはじめ、お母さんの膝を離れて、他の赤ちゃんの動きに刺激されて、いつのまにか赤ちゃん同志交流しながら遊び始める――わずか二・

三十分の間に目に見えて赤ちゃんの成長が見られるという幸福な時間がそこにはありました。ゼロ歳から二歳までという年齢制限に、「そんな赤ん坊に芝居を見せてわかるのか？」などと言っていた大人も、赤ちゃんの変化に感動して、「わかるのか？」などとは言わなくなります。

考えてみると、私たちは、「わかるか」「わからないか」という評価基準で子どものための芝居を評価するのを、当然としてきたのではないでしょうか。大体、新作が出来て公演の提案に学校にうかがうと、「それってうちの低学年にわかりますかね？」と言われるのが常で、つい新作を引っ込めておなじみの名作を提案してしまうと、制作担当がこぼすことになるのです。この場合の「わかる・わからない」は、劇に描かれている事柄が理解できるかどうかもありますが、その前に劇に使われている言葉が理解できるかどうかを意味していることが多いようで、劇作りが台詞に頼って行われている日本の児童劇の現状を反映していると言えましょう。「わからせる」の続きには「覚えさせる」が来たり「従わせる」が来たりするという、日本の教育のありようと、これは見事に見合っていると思うのです。

シンポジウムの講師たちは、実践経験の豊かな、ベビードラマ作りのベテランが三人。今年の参加作品、リトアニアの『カラフルパズル』の作者、ビルデ・パネウィシウテさん、日本からは、はらだまほさん、大沢愛さんが参加し、太田昭さんのコーディネイトで、それぞれの体験を語りました。中でも面白かったのは、ベビーと向かい合う時の自分の状態を言葉で言い表すとしたらどうなるか、と言う質問に、日本側のお二人が「その気にさせる」とか「本気度がないと赤ちゃんが反応してくれない」などと言う言葉で答えたのに、ビルデさんが「ベビーの反応を期待しちゃダメ」と答えたのが印象的でした。ベビーの反応を予想して、予想どうり行くことを期待する先には、正解にたどりつくことをもって良しとする日本的教育があるな、と思って聞きました。期待通りの反応になるかどうかという物差しだけで見ていたのでは、赤ちゃんの微細な変化を見逃してしまいます。このお三方とも、「わからせる」と言う言葉を一切使わなかったのが、私には印象的でした。

考えてみると、児童劇の母胎と言えるわが新劇は、川上音二郎以来、一貫してわからせようとし続けてきました。「自由民権とはこういうものだ」「ヨーロッパでは女性にも人権があると主張しているぞ」「社会主義こそ未来を作るのだ」「これが民主主義だ」等々。その間には「この戦争はアジアを解放するためのものだ」とか「天皇陛下のために命を捧げるために戦うのだ」とかいう時代もありましたが、とにかくわからせようとしてきました。

そこから別れた児童劇も、同じような体質を持っていました。戦後になって、学校公演が常態化してからは、ますますそういう傾向になりました。学校現場に演劇を持ち込むのですから、先生方の意向を無視するわけにいかず、その先生方も管理されているお立場なので、教育的に意味がある作品だということが、企画を通す切り札になりがちです。劇団の制作もそれは承知の上で、通りやすい作品を用意するということになりがちです。ふたをあけてみたら、わからせる作品ばかりならんでいたということになるのです。今や世界の児童劇の多くが台詞のない『ノンバーバル劇』であることで国境を越えているというのに、日本だけが取り残されているのは、わからせることへのこだわりが原因でしょう。

わからせるということは、言葉による伝達交流を前提にしています。にもかかわらず、言葉をまだ獲得していないベビーのための演劇が、演劇として成立しているのは、演劇の本質は言葉によるわからせ方にあるのではないことを示しています。演者の演じる世界が魅力的であることで、自分もそのようでありたいと観客が感じ、思わず模倣してしまう（もちろんその反対もあるのですが）――そのような働きをするのが演劇であったということを、ベビードラマは思い起こさせてくれます。考えてみれば、ギリシャ劇も、世阿弥も、シェイクスピアも、近松も、古今の優れた演劇はそういうものでした。

ベビードラマは、日本の児童劇の問題を照らし出してくれました。照らしてくれたその光は「演劇の主人公は観客ではなかったか?」というものだったのではないでしょうか?

げき 27 もくじ

特集〈ベイビーシアター〉！

はじめに ベイビーシアターとは

倉敷市立短期大学保育学科・専攻科（保育臨床専攻）准教授
一般社団法人日本ベイビーシアターネットワーク 理事
NPO法人国際人形劇連盟日本センター（日本ウニマ）理事
浅野泰昌

「ベイビーシアター」とは、日本における乳児向け舞台芸術の総称です。乳児向け舞台芸術は、一九八〇年代に西欧で始まったとされ、概ね0歳から3歳未満の子どもを対象とした舞台芸術です。日本においては、一九九〇年代中盤に先触れとなる作品が制作され、二〇〇〇年代の揺籃期に日本各地（例：関東、山陰、九州）で同時に試みが拡がり始め、二〇一〇年代の展開期を経て、新型コロナウィルスの世界的流行を乗り越え、二〇二〇年代に発展期を迎えています。地域の子どものために事業を行っている文化芸術団体や行政等の連携のもと、作品創造と上演、普及に関する取り組みが始まり、現在では社会的認知の拡大と共に、全国的組織化などの新たな展開を迎えています。さらに、文化芸術体験の場での上演にとどまらず、子育て支援や保護者支援などの社会福祉及び社会包摂の取り組みの核として位置づけられる事例もあり、実践が積み重ねられている分野です[1]。

本特集は三部構成となっており、日本のベイビーシアターの歩みが当事者であり最前線にいる皆様によって語られています。**第Ⅰ部**は、**「創作の現場」**から、その歩みを、関東の例を切り口として年代順に概観できるようにご報告をいただきました。ここで創作された作品は、日本各地で地域に根ざした取り組みをされている方々によって上演の機会を頂き、乳児親子のもとに届きます。**第Ⅱ部**は、ベイビーシアターの上演の場を共につくりだしてきた**「取り組みの現場」**から、各地の実態を踏まえたご報告をいただきました。そして**第Ⅲ部**は、日々の上演現場で乳児親子との出会いを重ねている**アーティスト**や**日本のベイビーシアターに深く関わってくださっている方々**からご報告をいただきました。各地の様々な方々の専門性と実践知を活かした協働によって、日本のベイビーシアターの道が切り拓かれてきたことが把握されます。

そして現在、この二〇〇〇年前後から四半世紀にわたって醸成された土壌の上に、多種多様で多彩な事業を展開できる準備が整ってきました。ポストコロナの時代を迎えるにあたり、これは極めて意義深いことです。なぜなら、ベイビーシアターは、芸術としての価値を有するだけでなく、文化芸術を核とした創造的福祉社会の構築のためのプラットフォームとしても有効と考えられるからです。

それでは、ベイビーシアターとはどのようなものなのか改めて考えてみましょう。日本では当初、「ベイビードラマ」と呼称されることもありましたが、作品の内容はもとより、それらを包含する様々な要素を「場」として総合的かつ包括的に捉える必要があるため、ベイビー〝シアター〟と表現されるようになりました。ホールなどの文字通りの劇場（シアター）で上演されるばかりではなく、実態に応じて様々な場所を、乳児向け舞台芸術の上演に相応しい「場」に設えて公演が行われています。乳児親子を出迎え、スタッフとして一緒に会場にいる関係者も乳児理解に努め、適切な支援を行う必要があり、ベイビーシアターのより良い上演が成り立つための大切な要素です。このように、会場や作品そのものと言った「物的要素」だけでなく、観客である乳児やその保護者、演者、スタッフも含めた「人的要素」も重要であり、作品を介して、これらの要素が相互に織りなす芸術的で総合的な人間同士の関わり合いの営みがベイビーシアターの要です。

乳児は、生活や遊びを通して周りの環境と関わり、他者と時空間を共有しつつ、相互にやりとりすることで育ち、学びます。ヒトは、大きな脳を持ち、直立二足歩行する社会的な生物です。四足歩行の動物の中には生まれてすぐに立って歩けるものもありますが、ヒトの場合は、生理的早産と呼ばれ、母親の産道・骨盤を抜けて出るために身体的には十分に成熟していないような状態で生まれます。そのため、ある程度の期間、養育・保育を受ける必要があります。しかし、全ての点で未成熟なのではありません。むしろ、養育・保育を受ける(引き出す)ための社会的な力を備えています。泣いて求め、笑って求め、非言語・前言語的な言葉(例えば喃語や指さしなど)で対話しようとする姿は、乳児の持つ基礎・基本的な社会性を感じさせます。また、人間の脳の社会的側面に関する機能をまとめて「社会脳(ソーシャルブレイン)」と呼ぶことがありますが、例えば、動作や感情表現に伴う他者の脳の状態に自らの脳を同調させるようなミラーニューロンの働きは、鏡写しのように他者を理解する生まれ持った機能と言えるでしょう。さらに、近年の心理学等の研究において、例えば、乳児は、単純化された舞台表象(○や△や□に目を付けたオブジェクトやぬいぐるみ)の演じる行動から意図や関係性を読み取ったり[2]、空間における位置関係からそれらの関係性を読み取ったりする[3]ことができると報告されています。これらは、乳児と舞台芸術の親和性を示すものです。

人にせよ、物にせよ、事(出来事)にせよ、乳児は周りの環境にある様々な要素の関係性を彼らなりの方法で受け止め、感じ取り、汲み取り、推しはかりながら生活し、自らも関係性の中に歩み出すための育ちと学びを得ています。この乳児の「観る力・聴く力・感じ取る力・考える力・発信する力・関わる力・生きる力」に応えるのが、総合性と多様性を有し、関係性を描き出す舞台芸術です。そして舞台芸術は、関係性の中に観客(乳児)を織り込むことも可能です。ベイビーシアターは、乳児に文化芸術的体験をもたらす(文化権を保障する)ばかりか、社会的存在として育つ機会を提供する営みと言えるでしょう。

ベイビーシアターは、舞台芸術の一分野ということではなく、舞台芸術そのものであり、その特徴がより顕著・鮮明に顕われているものと筆者は考えます。観客である乳児に対して、舞台芸術の持つ総合性や多様性、そして、関係性の提示と参加への働きかけが最大限に活かされているからです。舞台芸術は、時間的・空間的な広がりの中、視覚や聴覚などの多感覚を通じて感受される総合的な芸術であり、作品が包含する多様な構成要素がつくり出す関係性の芸術です。一方、乳幼児期の学びや育ちは、環境の中で主体的に活動し、他者と時空間を共有しつつ、相互にやりとりする中でもたらされるものです。舞台芸術の特性は、乳児の発達過程や学びや育ちに必要な諸要素に適合し、乳児期からの文化芸術享受において重要な役割を果たすと同時に、乳児の健やかな心身の発達や情操の涵養に資すると考えられるのです。

■註

[1] 浅野泰昌「日本における乳児向け舞台芸術の動向」,『子ども社会研究』第29号, 2023年.

[2] Kiley Hamlin, Karen Wynn & Paul Bloom:「Social evaluation by preverbal infants」,『Nature volume 450』, 2007.

[3] 孟憲巍「赤ちゃん研究から見た人間関係の始まり～「優位性関係」に注目して～」,『赤ちゃん学研究センター紀要 BABLAB №.4』, 同志社大学赤ちゃん学研究センター, 2020年.

揺籃期

『ぴーかぶー』が生まれるまで

劇団風の子 演出家
中島 研

1995

乳幼児期（0歳~3歳）の子どもたちが、初めて出会う作品とは、どんな芝居だろう。

そんな事を意識したのは、一九九〇年代に入ってからだ。脳神経の発育、発達が著しく人間として生きていく素（もと）を形成し、安心と信頼の土台がつくられる大切な乳幼児期。児童演劇に携わる人間として、今まで創ってきた3歳~6歳中心の幼児対象作品とは別に、0歳~3歳児としっかり向かい合う作品創りを通過する必然性を強く感じていた。

その当時、一緒に活動を展開してきた、子ども劇場・おやこ劇場も会員数が横ばいから減少傾向になり、各劇場が自分たちの地域に即した会の有り方を模索していた時期でもあった。これからの劇場を考えた時、今まで未会員だった0歳~3歳も会員として位置づけ、赤ちゃんから大人までが循環していく有機的な組織が必要だと感じていた。では、創造団体として何ができるのか？ どんな役割を果せるのか？

劇団風の子九州『ぴーかぶー』作＝中島 研・川島二郎、演出＝中島 研

風の子九州で試行錯誤を繰り返し、一九九一年に乳幼児対象作品一作目、『ふわふわぷわり』が誕生した。五感をいっぱい使い、いろいろなイメージが響き合い、遊び心のハーモニーを奏でる作品創りを目指したものだった。この作品と子どもたちの出会いを通して、一人ひとりの子どもの感性に寄り添い、深く呼吸し合う作品の可能性を探り、より発展させ、一九九五年に『ぴーかぶー』を創った。

作品創りでは、乳幼児教育の専門家で、遊び・わらべ唄の研究家である古賀由美子さんにスタッフとして関わっていただき、理論と実践を積み重ねていった。また、福岡の飯塚子ども劇場の乳幼児の親子の集まり「どろんこクラブ」に参加させてもらい、子どもと遊び、創りたての作品の一部を観てもらうことを繰り返した。その中で俳優たちは、作品のイメージを広げ、それぞれの子ども観を育んでいったように感じる。演技空間は円形舞台とし、子どもたちが俳優の表現を観ながらお互いを感じ合い、動くことも自由な何でもありの状態を目指して高さのないものとした。

その後、0歳~3歳児の実践の場を広げるために、まず、福岡南部子ども劇場（現・文化コミュニティ）と、乳幼児部発足のプロジェクトを組んだ。取り組みとしては、『ぴーかぶー』の作品に触れたり、俳優と遊ぶ。そして、もうひとつの柱として、古賀さんにお願いし、乳幼児親子のワークショップ。さらに、部が継続していくために、大人の養成講座を立ち上げ、乳幼児の親子と一緒に歩んでいくパートナー、サポーターの育成に取り組んだ。そして、いろいろな地域で、少しずつ乳幼児部が誕生していった。

『ぴーかぶー』も、韓国やシンガポールの乳幼児との素敵な出会いもあった。これからも、何故、乳幼児に向かうのか、本当に一人ひとりの子どもの感性に寄り添えているのかを改めて考え、新たな作品創りに向かい、子どもの日常が豊かになっていく取り組みをしていきたいと思っている。

バブル期
▼
2015

人と出会うアート〜子育ての危機に際して〜

子ども劇場首都圏「はじめてのおしばい」チームリーダー＆プロデューサーとして取り組んできたこと

子どもと文化全国フォーラム乳児専門委員会 代表
一般社団法人Baby Theater Lab 理事
大原淳司

▼二〇〇〇年以前

乳児から幼児へ、それは「人生の夜明けのような時代」と例えられます。言葉がはじまり、ぼんやりと世の中のことや人間関係を感じ始めます。この世に生を受けた子どもたちは自ら育つ力を持って生まれて来るのですが、その力が自然に発揮されるにはどのようなことが必要なのか。今日の子育て・子育ちの状況を思うに、生まれた時からスマホやＰＣ、テレビが存在しています。実体験のない中で情報が一方的に流れ続けている中、赤ちゃんは「何も分からず、何も出来ない」存在ではなく、生まれた時から自分のこと、周りで起きていることを学習していると言われています。

０歳からの文化権の保障をめざす「子ども劇場首都圏」で活動していた「子どもと舞台芸術プロジェクト」は、子どもと文化の豊かな出会いを創出する上で、そこに何があったら良いのか。そのことを考えるに至る二つの契機がありました。

一つは、八〇年代後半から九〇年代の初めの〝バブル経済〟の折に改めて顕在化した「男は外で働き女は家で子育てをする」という日本の伝統的子育ての実相です（今日のように両親共が働きに出る状況とは少し異なります）。当時、男は「二十四時間」働けとまで言われ、会社からそのまま海外出張へというケースもある程で、なかなか家に帰って来られない。女は一人マンションで泣き止まぬわが子を抱え、孤独で孤立した子育てを強いられ、狂気すら生みかねないというケースも見られました。「一歳児ですが参加できますか」と切実な電話。当時は乳飲み子を連れて行ける所はほぼありませんでした。

こうした事態に、地域で自主的に子育てひろば・遊び場を開催する人たちが各地に出現し「一人ぼっちで子育てしないで」と呼びかけました。

後に、行政の子育て支援が始まるのですが「子どもを預かり、子育てが大変だから親を〝ラク〟にしてあげる」ような傾向が見られました。その親子の様子を見ていると、親は疲れて壁にもたれたままで、親子の関係性が楽しいものに発展していきません。親自身が遊んだ記憶がないという人が珍しくなく、乳幼児と親のどちらにも響き、その人たちの胸の内に広がるような文化が求められているのではと強く感じました。

親子だからこそ楽しく大事な時間があり、親を〝子育て弱者〟にするのではなく、子育てが楽しく、共感が生まれる参加型の場が必要でした。単なる預かりでなく、もっと違う次元で、この人たちに相応しいアート、共に子育ての悩みも苦労も持つ人のためのアートが欲しい。もっと本気で心打たれ、子ども自身の感じ方や成長を確かめられる文化との出会いが必要な状況でした。

もう一つのことは、そんな折の、演劇集団円の演出家小森美巳さんとの出会いでした。当時、小森さん演出の円・こどもステージ『あらしのよるに』（一九九七年初演）が上演されていました。子どもから大人まで多くの観客に感動をもたらしましたが、嵐の夜のシーンから始まる舞台で、開演とともに客席は真っ暗になり、場内に雷鳴が響き渡ると、子ども劇場では会員年齢以前の膝上の2〜3歳の子どもたちは一斉に泣き叫びました。

『あらしのよるに』を観る以前に、乳幼児と親（保護者）たちに相応しい舞台があるのではないか？　乳幼児たちが初めて出会うお芝居、赤ちゃんが初めて見る絵本がある様に「そんな作品があっても良いのでは」と小森さんも話されました。乳幼児の子育て・子育ちにアートを求めていた私たちのための、アートの出現がここから動き始めました。

▼二〇〇〇年からの十年

早速、二〇〇〇年から準備を始め、二〇〇一年から二〇〇九年までの十年間に「子どもと舞台芸術出会いのフォーラム」（現、子どもと舞台芸術大博覧会）にて、十四本の乳幼児向け舞台作品を「はじめてのおしばい」「はじめてのコンサート」と総称して、発表の機会を創出することと成りました。（資料1はじめてのおしばい）

【資料1】「はじめてのおしばい」で生み出された作品一覧

年度	作品名（制作団体名）
2001	かくれんぼしてるのだあれ（くわえ・ぱぺっとステージ）
	みんなの人形劇場（人形劇団ののはな）
	どうぞのいす（演劇集団円）
2002	ふわふわ山の音楽会（山の音楽舎）
2003	ぐるぐる（CAN青芸）
	はじめてのコンサート（ロバの音楽座）
2004	あかいりんごをひとつかく（小森美巳企画）
2005	小さい劇場0123（劇団風の子）
	オトのサンポ（岩橋由梨＆素）
2006	ポッケのワンピース（人形劇団クラルテ）
	ぽかぽかぷくぷくマインマイン（香味野菜）
2007	あらどこだ（人形劇団プーク）
	ちいちいにんにん（人形劇団ののはな）
2009	歌子さんのはじめてのコンサート『最高の子守唄』（リーフ企画）

巻頭写真ページに14作品の舞台写真を掲載しています。

▼はじめてのおしばい」に取り組む際に大切なこと
～ベイビーシアタークオリティーペーパー～

これらの作品を創出するにあたり、制作団体と打ち合わせをし、試演会や上演後に振り返りを繰り返し、作品がよりよくなっていくための努力を繰り返しました。

その人たちに相応しい文化。わずか二十組程の親子のために設えられた舞台と客席、私たちのために用意された特別な場所と時間であると感じられること。そして親（保護者）でもないアーティストとのはじめての出会いが始まりました。ＴＶやビデオのような一方的な「関係」ではなく、双方向で、思わず表現したくなるように心が動き、気持ちがほぐれ、感性が拓いていくような体験です。そんなコミュニケーションの始まりの機会に、誰がベイビーの前に立つのか、その人とはどんな人なのか。彼らの発信、表現を必ず受け止め、つながること。乳幼児とはどんな人たちで、今、この日本でどんな育ちの場にいるのか、ということを常に持ちながら、立つことの大切さを感じました。ここに至るまでには、多くのことについて小森さんや保育の専門家の方などから助言を頂き、作品作りや上演の機会を重ねる中で、次第に何が大切なのかが収斂されて行きました。（資料２「はじめてのおしばい」に取り組む際に大切なこと）

これらのことを大切にしながら、次の作品へと向かい、気がつけば十年が過ぎていました。

【資料2】「はじめてのおしばい」に取り組む際に大切なこと

ベイビーシアタープロデュースを経て、今、ベイビーシアターに求めるもの

「はじめてのおしばい」に取り組む際に大切なこと

●**対象を知る**　乳幼児'はどんな人か、今日、彼らの育ちの場はどの様であるかを知ること

●**基本的見地**　安心・安全の場であり、観る場所、環境として「相応しい」こと
表現者はその年令の人たちの前に立つ人として「相応しい」こと

●**テーマ**　基本的信頼獲得の場であること
親(保護者)ではない人との「はじめてのであい」、コミュニケーションの始まりの場であること
表現したくなる心の動きが芽生えるところであること→その芽生えを必ず受け止めること

●**作品づくり**　提供されるストーリーは、あくまでも単純でわかりやすく、ドラマを見せることとは少し異なり、日常の不思議やおもしろさを伝えること
ゆっくりであること　→　彼らの理解のペースを守り、じゃましないこと
エンターテイメントとして届く表現であること
強い光や耳に刺さるような大音量ではなく、彼らの視力や聴力、脳の発達段階などを考慮すること
ＴＶやビデオ等とは違い、一方的に常に勝手に動いているようなものではないこと

●**時間**　集中力の途切れない時間（20～30分程度）であること

●**キャパシティ**
観客と演じ手の距離について考え、キャパシティは、彼らの発信を受け止められる人数であること

子ども劇場首都圏「子どもと舞台芸術プロジェクト」資料より（2023年一部改訂）

「はじめてのおしばい」からはじまって

2002▼NOW

山の音楽舎　川中美樹

二〇〇二年、子ども劇場首都圏のプロジェクトチーム「はじめてのおしばい」のプロデューサー大原淳司氏からのお誘いを受けて、山の音楽舎初めてのベイビーシアター『ふわふわ山の音楽会』を制作しました。最初は「赤ちゃんに舞台が必要なの？」からの出発でしたが、大原氏はじめ、大丸はるみさん（横浜こどものひろば）、大沢由利さん（東村山子ども劇場）らプロジェクトチームのメンバーほか、こども劇場せたがや、新宿子ども劇場などの方々と共にベイビーシアターの公演を創り合ううち、だんだんと「赤ちゃんはすばらしい観客なんだ！」ということがわかってきました。そしてその輪は、千葉、埼玉、群馬…と首都圏内に広がり、そのうち鳥取や鹿児島でも立ち上がっていた「乳幼児に舞台芸術を届けよう」という流れと交わるようになりました。

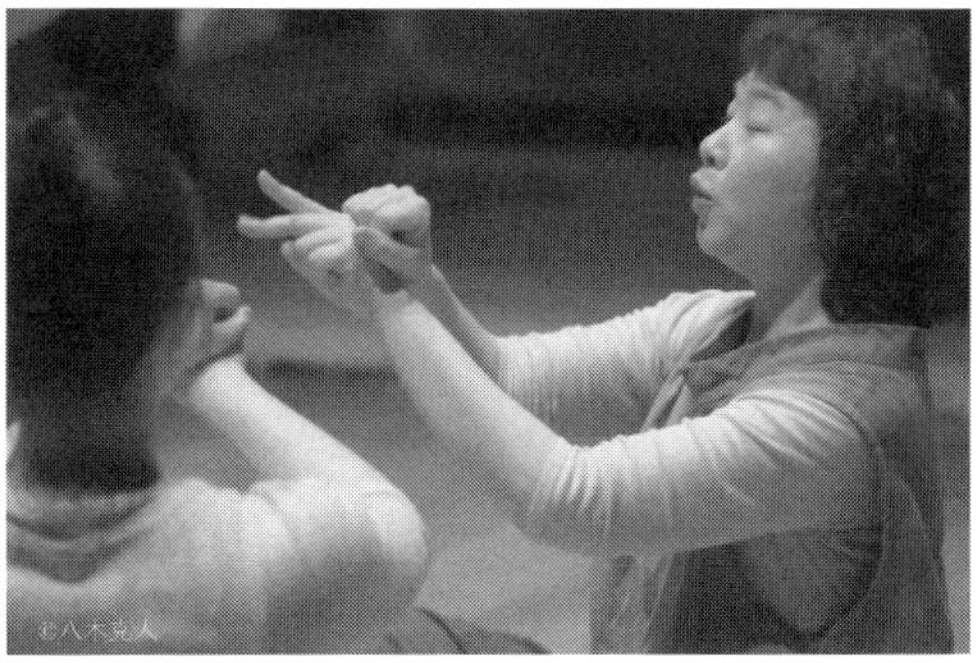

山の音楽舎『うたのたね』川崎市アートセンターにて
写真：八木克人

こうして、「はじめてのおしばい」で制作された作品たちは、各地で、幸せな上演の機会を得ることとなりました。丁寧な打ち合わせ、様々な準備、会場の環境整備、受付から開場、上演、終演後の送り出しまでの流れるようなスタッフワーク、そして振り返り。今から思うと、作品も演者も共に育ててもらった貴重な時間だったとつくづく思います。

一方、まだまだ「赤ちゃんに舞台が必要なの？」という声が聞こえる中、私自身はどんどんベイビーシアターにのめり込んでいきました。二〇〇六年『うたのたね～おんがくのはじまり～』を制作した時のことです。円形の真ん中でゆっくり動く私たちを取り囲みながら観る赤ちゃんたち。最初なんとなく観ていた小さな人たちは、だんだん体をのばし、大きくのびあがったかと思うと、にゅーっと手をのばし（たように感じる！）むしゃむしゃむしゃ…その空間に漂う「おいしい空気」を食べている！と感じた時、「うわぁ～～あなたたち！　そんなにすごいエネルギーを持っていたのね！」「もの言わぬあなたたちに代わり、あなたたちの凄さをこれから伝えていくわねー」と決意し、意気揚々とベイビーシアター上演に向かうようになりました。

ところが！　フェスに参加したり、批評対話に参加したりするものの、なかなかベイビーシアターへの理解は広がっていきません。費用対効果が問われ、継続の難しさを痛感している頃、児演協の太田昭氏の呼びかけで、「ベイビーシアタープロジェクト」が立ち上がりました。

ベイビーシアタープロジェクトでは、海外からの学びの中で、私たちは海外のフェスティバル（二〇一七ポーランドポズナン市SZTUKA SZUKA MALUCHA、二〇一八イタリアボローニャ市「Visioni di future,visioni di teatro…」）に『うたのたね』で参加することができ、改めて日本のベイビーシアターの成り立ちの特殊性と日本のこどもたちの今を感じることができました。また、いくつか取り組んだ助成事業を通して、「赤ちゃんを真ん中に」「ベイビーシアターで街づくり」と考えるに至りました。そして二〇二二年、（一社）日本ベイビーシアターネットワークが立ち上がり……二十年前には思いもよらないところまで来た今、改めて、二十年後の未来に「すべての赤ちゃんにベイビーシアターが届けられる」日が来ることを願って、活動していきたいと思っています。

展開期

すべてのベイビーが、舞台芸術と出会えるために

2015▼2021

東京演劇アンサンブル　太田　昭

　僕がベイビーシアターに興味を持つようになったのは、二〇一三年頃でしょうか。巷で話題の乳幼児作品という感じで、小耳にはさむようになっていました。所属の劇団では取り組んでいないジャンルということもあり、自分には関わりのないものとして眺めていたのが最初です。それが、少しずつアーティスト側からも、観客側からも、学ぶ場が欲しいという声が聞こえ始めたのをきっかけに、日本児童・青少年演劇劇団協同組合（児演協）の人材育成担当者として海外からの講師を招いての講座をスタートさせることにしました。講座は興味深いものでしたが、上演現場での映像を見せてもらったものが、なぜか対象年齢よりも少し高めのもので、3歳くらいの子どもたちが観劇している様子でした。これがベイビーシアターなのか？という疑問がぬぐえず、翌年は『Baby Space』（構成演出＝ダリア・アチン・セランダー［セルビア］）という作品ごと招聘して、実際に観劇するベイビーたちの姿を見ての講座を実施しました（二〇一八年一月）。これがまさに、僕が宗旨替えしたきっかけと言えます。物語の世界を生き、現実世界を知り、明日の自分を見つめなおす、そんな作品が児童・青少年演劇の醍醐味だと思っていた僕には、衝撃的な体験でした。ベイビーたちは物語の世界を理解するのではなく、その場に生きることを体験し、その喜びを表現し、アーティストにダイレクトに返してくるのです。これほど、LIVEな舞台があるのかと、鳥肌が立ち、そして、その場に居合わせたことで多幸感に満たされるという、舞台芸術の原点であり、究極の形ともいえる体験をすることになりました。

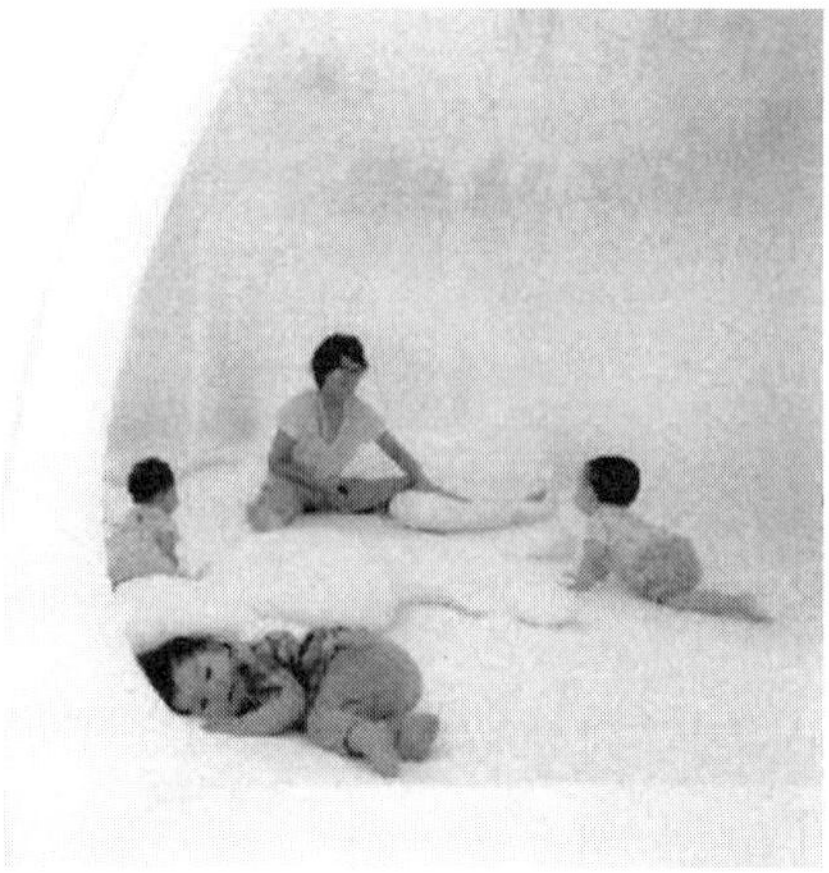

『Baby Space』

　それからは、このベイビーシアターなるものを日本でも普及し、発展させることが児演協としても大きな意味があると位置づけ、児演協内にベイビードラマ部を立ち上げ、三つの目標として、「共通言語の構築」「社会性を持たせる」「趣味からの脱却」を掲げて活動を開始しました。幸いに、賛同者も多く、児演協内外の仲間も増え、さらなる発展を目指してベイビーシアタープロジェクトを立ち上げました。その間も児演協を中心に活動を継続し、作品創作にも着手しました。児演協では、規模の大きな『Baby Space』『KUUKI』を製作し、さらなる普及のための『ベイビーミニシアター』という小作品を15本製作しました。これは、現在も上演を継続しているベイビーシアターの潮流を支えてきた活動と言えます。

　ベイビーたちが最初に体験する舞台芸術が、安全で安心であり、多幸感にあふれているものであれば、人が人を傷つけることを肯定する子どもにはならない、そんな大人にはならない、そんな思いを実感できるのが、ベイビーシアターです。より多くの人にこの舞台芸術の良さを知ってもらうには、体験した人たちの手によって拡げていくことでしか実現しえません。すべてのベイビーたちが、ベイビーであるうちに、多くの舞台芸術に触れられる機会がある未来のために、ベイビーシアタープロジェクトは、ベイビーシアターネットワークへとその仕事を受け継ぎ、さらに邁進していこうと思います。

人生のはじまりに

2015▼NOW

表現教育研究所
大沢 愛

ベイビーシアターとの出会いは二十年前。今の仕事と出会い、右往左往しながら模索をしている最中、人生の大きな波に乗って親になったタイミングでもありました。私自身は幼少期から、子ども劇場・おやこ劇場を通じ、〝舞台鑑賞〟は生活の中に当たり前に存在していましたが、「親になる」という未知なる経験の中で出会ったベイビーシアターは、これまでの〝舞台鑑賞〟とは何かが違ったようです。そこでは、大人の自分と生まれてきた我が子、その双方が空間の主体者として歓迎され、来てくれてありがとう！と口々に声をかけられ、私はどこか晴れ晴れと寛いだ気持ちでその場にいたように思います。

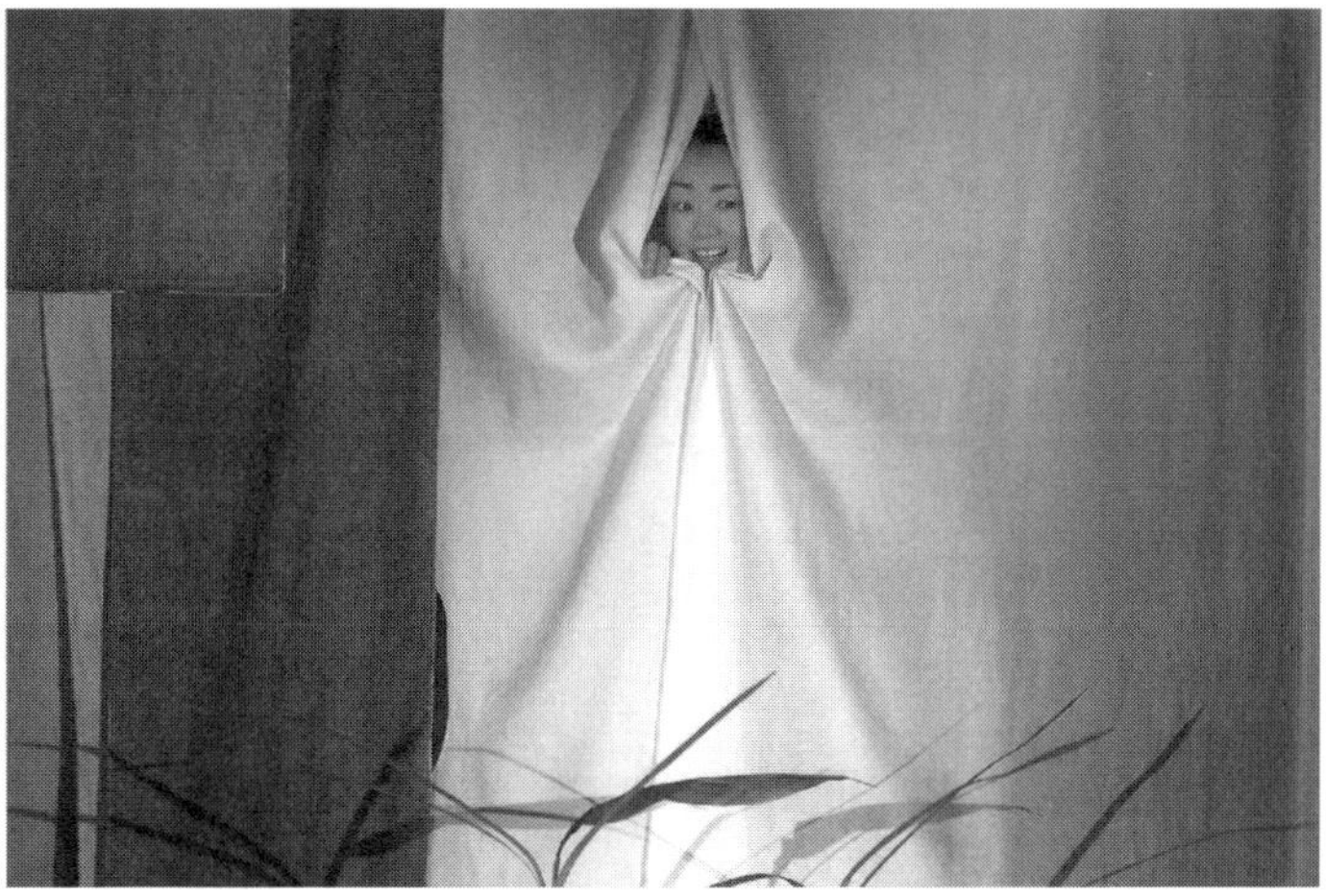
表現教育研究所『かぜのうた』演出＝くすのき燕、出演・音楽＝大沢愛

後に、自分自身が作品を創り、ベイビーシアターの普及に向けた組織作りにも参加をする中で、この出会いを客観的に振り返ってみると、これは他ならぬ「社会との接点」であり「日常の中の非日常」であり、大原淳司氏の記述（9ページ）にもある「乳幼児と親のどちらにも響き、その人たちの胸の内に広がるような文化」だったのでしょう。子どもと共に生きる人生のステージが始まって間もない時期、このことは私の中に残り、いつか自分も作品を創りたいと思うに至ったのでした。

実際『かぜのうた』の創作に着手したのは、それから十年経った二〇一三年。二〇一五年には日本児童・青少年演劇劇団協同組合にベイビーシアタープロジェクトが発足し、海外からの学びを深める数年間がありました。特にセルビアより招聘した『Baby Space』という作品では、制作補助として国内ツアーに同行し、翌年日本バージョンを編成する際には、出演者として参加する機会をいただき、理論と実践の双方で大きな学びとなりました。例えば、わらべうたや自身の子育ての中で、漠然と感じ取っていた赤ちゃんの人格や能力について。「はじめてのおしばいプロジェクト」や先人たちの作品を通じて、知らず知らず見聞きしていた取り組みの指針、アーティストに求められる基本姿勢や資質について。海外からの学びは、既に起きていた物事の検証と確認の機会でもありました。

人生のはじまりに出会うアート。今年、地元東村山市で、地域の協力を得ながら改めてベイビーシアターの種蒔きを始めました。人の温かさ、世界の美しさに触れ、大人たちは、人として信頼に足る赤ちゃんの姿を目の当たりにします。大人のまなざしが深くより豊かなものへと変化する時、人との関係性、物事の捉え方も変わります。大人が変われば社会が変わる。社会が変われば未来が変わる。子どもは未来です！

ベイビーシアターの小さくて大きな可能性を感じています。

児演協ベイビーシアタープロジェクトの取り組み
2015▼2021

児演協ベイビーシアタープロジェクト
文責　浅野泰昌

　二〇一五年、日本児童・青少年演劇劇団協同組合（児演協）の呼びかけにより、ベイビーシアターに取り組む創造団体の組織的な取り組みが始まりました。その場には、おやこ劇場・子ども劇場関係者や舞台芸術と乳児保育・幼児教育に関する研究者も集いました。当初は「ベイビードラマ部」としての小さな一歩でしたが、これまでの振り返りと将来を見据えた白熱した議論が年に何度も交わされました。その過程で、経験則と実践知をそれぞれの表現で述べる内に明瞭な共通言語が形成されていきました。先に述べた「ベイビーシアター」という呼称もそのひとつです。こうして、観念的・抽象的・個別具体的な言葉と私見で語られていたベイビーシアターの営みの全体像の輪郭と細かな諸相が言語化・明文化されました。これに伴って、より具体的な展望を描くことが可能となり、そのための課題が明確となり、必要な取り組みが立案されていきました。内容の充実に伴って「ベイビーシアタープロジェクト」として組織化が進み、学習研究班（浅野泰昌・あらたに葉子・大沢愛・大原淳司・川中美樹・中市真帆）が中心となって協議を重ね、プロジェクト参画者との協働によって次ページに示すような取り組みを実施していきました。

　作品の質的向上を目指した「批評対話」の展開、海外の先駆的な実践者・研究者による知見の導入（上演・講座・シンポジウムの開催）、事業推進に必要不可欠な助成金獲得、乳児理解を促し普及につなげるための講座等の実施など、多岐にわたります。子どもと文化全国フォーラムが主催する「子どもと舞台芸術大博覧会」は上演・批評対話・講座・シンポジウムの場となり、子どもと舞台芸術に包括的に取り組む組織間の連携も、ベイビーシアターの大きな推進力となりました。

　中でも大きな成果は、第一に、海外の実践者との共同作品の制作と上演です。『Baby Space in Japan』（二〇一六年）、『ＫＵＵＫＩ』（二〇一七年）は旗艦的作品として全国各地で上演され、ベイビーシアターとは何かを強く示しました。続く『ベイビーミニシアター』作品群（二〇一八年）は、乳児親子に寄り添い、地域コミュニティの実態に応じた公演のあり方を示すと共に、ベイビーシアターに取り組むアーティストの育成に大きく貢献しました。

　そして第二に、これらの作品と一体となった各種講座の展開です。これは、舞台芸術と乳児の結びつきの重要性を、事例、理論的背景、社会課題と共に分かりやすく示し、上演の助けとなり、啓蒙と普及を支えました。これらの実践によって、ベイビーシアターが、①子育ての現場に優れた文化芸術を届ける営みであること、②乳児を中心として地域コミュニティの人々のつながりを創出する文化芸術体験であること、その上で、③文化芸術を活用した「社会的包摂の仕組み作り」を推し進めるものであることを私たちは実感しました。

　児演協ベイビーシアタープロジェクトは、連携と協働を生み出し、参画する個人と団体を拡げ、ベイビーシアターを表舞台に押し出すと共に優れた作品を創出しました。日本におけるベイビーシアターの頂を高め、裾野を拡げる成果を上げたと言えるでしょう。

【資料】日本児童・青少年演劇劇団協同組合主催〈講座〉一覧 2013～2017年度

開催年度	講座名	講師
2013	世界のベイビードラマを学ぶ デンマーク編	トーマス・アイゼンハート他
2014	世界のベイビードラマを学ぶ	ディアナ・クルザニッチ・テパヴァック/ダリア・アチン・セランダー他
2015	これからのベイビードラマを考える	ダリア・アチン・セランダー/ベン・フレッチャー・ワトソン/大沢愛/川中美樹
	ベイビードラマの可能性と課題～海外の事例に学ぶ～	ジャッキー・E・チャン
2016	ベイビードラマの可能性と課題 ～海外の事例に学ぶ ポーランド編	アリツィア・ルブツァック//バーバラ・マレッカ
	ベイビードラマの可能性と課題 ～海外の事例に学ぶ 韓国編	ジャッキー・E・チャン
2017	ベビードラマの可能性と課題 ～海外の事例に学ぶ ポーランド編	アリツィア・ルブツァック//バーバラ・マレッカ
	ベイビードラマを学ぶ ～デンマーク編	トーマス・アイゼンハルト/キャサリン・ポアー
	日本のベイビーシアター 担い手育成に向かう理論講座	ダリア・アチン・セランダー

【資料】ベイビーシアターに関する〈シンポジウム〉一覧 2016～2019年

開催年	タイトル	主催
2016	シンポジウム「乳幼児向け舞台芸術の意義を学び、これからを考える」 [パネリスト] 浅野泰昌、中市真帆、三澤江津子 [進行・コーディネーター] 大原淳司	子どもと舞台芸術・出会いのフォーラム実行委員会
2017	ベイビーシアター講座「これまで・いま・これから」 [講師] 浅野泰昌 [進行・コーディネーター] ベイビーシアタープロジェクト	子どもと舞台芸術・出会いのフォーラム実行委員会
2018	シンポジウム「未来に向かうベイビーシアターの役割」 [パネリスト] 大谷賢治郎、中市真帆、西上寛樹、浅野泰昌 [進行・コーディネーター] ベイビーシアタープロジェクト	日本児童・青少年演劇劇団協同組合
2019	シンポジウム「未来に向かうベイビーシアターの役割 Part2」 [パネリスト] 田邊紘子、廣末ゆか [進行・コーディネーター] ベイビーシアタープロジェクト	日本児童・青少年演劇劇団協同組合

【資料】児演協ベイビーシアタープロジェクトで取り組んだ〈助成事業〉一覧 2018～2020年度

開催年度	事業名	助成
2018～2020	子供が輝く東京・応援事業 あそびとアートで生まれる・育てる・つながる・支えるプロジェクト～赤ちゃんからはじめる社会包摂のしくみ創り～ [内容] ①ワークショップとミニシアター 交流サロン ②講座 [実施先] 東京都内延べ14区5市1島の地域の文化施設や文化財団、子育て支援センター、保育園など	公益社団法人 東京都福祉保健財団
2019	子どもの命を守り育てる地域～ベイビーシアターによる社会包摂の仕組み作り～事業 [内容] ①ワークショップとミニシアター 交流サロン ②講座 [実施先] 4地域(東京・鹿児島・高知・福島)の育児支援センターや乳児院など	全日本社会貢献団体機構
2020	START from BABY アートが結ぶ社会包摂のしくみ [内容] ①ベイビーミニシアターの上演 [実施先] 東京都内5箇所の育児支援現場や保育園など	アーツカウンシル東京 芸術文化による社会支援

発展期

日本のベイビーシアターの動向とネットワークの構築

（一社）日本ベイビーシアターネットワーク 理事
浅野泰昌

2022▼NOW

二〇二二年八月、一般社団法人日本ベイビーシアターネットワークが設立されました。この設立の背景を見てみましょう。

ベイビーシアタープロジェクトの動きと並行して、日本各地でベイビーシアターに関する取り組みは活性化しました。

例えば、愛知県では、おやこ劇場・子ども劇場のベイビーシアターの活発な取り組みに加えて愛知県立芸術劇場との連携が行われたり、千葉県では、子ども劇場千葉県センターが社会福祉振興助成事業（WAM助成）を受けて三年間の「0～2歳児と親が笑顔になるワークショップやベイビーシアター」のアウトリーチが取り組まれたり、九州地方では、九州沖縄地方子ども劇場連絡会が地方全体の取り組みとして共通のベイビーシアター作品を招聘し一体的な事業を行ったりと、全国のおやこ劇場・子ども劇場の取り組みが増加しました。また、ベイビーシアターを専門とする創造団体が立ち上がったり、これまで特に児童を対象とした舞台を創作していない劇団においてもベイビーシアター創作の試みが始まるなど、創造団体にも変化が現れました。さらに、ベイビーシアターに取り組む行政や公立文化施設も徐々に見られるようになりました。

以上のように、個々の取り組みの活性化による全国的なベイビーシアターの隆盛が、ネットワークの構想とその実現の機運を高めました。関わる人々でつながり、この取り組みの必要性を社会や行政により一層発信するための全国組織の設立です。

日本ベイビーシアターネットワークは、ベイビーシアターに関わる人々がつながり、組織的な取り組みを仲立ちするものです。さまざまな理由や契機からベイビーシアターに取り組む創造団体やおやこ劇場・子ども劇場及び各地の劇場等文化施設が増加しました。しかしながら、ベイビーシアターは、その性質上、様々な困難（乳児や舞台芸術に対する理解不足、ベイビーシアターの有用性に対する理解不足、前例主義・費用対効果至上主義への対応等）が伴うのも事実です。これに対し、ベイビーシアターの社会的意義・今日的価値を伝え、必要性や有効性を訴え、優れた実践を展開するための広く緩やかな連携が必要ではないかという議論が生じました。これまでの取り組みによって豊かなものとなりつつあるベイビーシアターの土壌に、時代に即した新たな種が蒔かれるのを支えるものとして設置されたのです。これまでベイビーシアターに取り組んできた個人に加えて、これからベイビーシアターに取り組もうと考えているアーティストや、おやこ劇場・子ども劇場の方も輪に加わり、ネットワークが動き出しました。現在は、理事七名、監事一名、会員四十八名で活動しています。二期目は活動に対する支援を賜るべく、クラウドファウンディングに取り組み、日本各地の皆さまの御蔭をもって、当初の設定金額を集めることを達成しました。ベイビーシアターに関する情報の収集や広報、調査・研究、企画・運営、人材育成、啓蒙・普及他に関する事業を展開していくことを目的とし、必要に応じて各種プロジェクトを会員有志で立ち上げて取り組むことが考えられています。

日本のベイビーシアターの四半世紀の歩みを振り返ると、各地で点々と芽生えた取り組みが、試行錯誤を経て発展し、やがてつながりあっていったことがわかります。全国的なネットワークの形成は、点を線に、さらに面に変えていこうとするものです。面となった取り組みは、日本全国の地域や家庭を、ベイビーシアターを核とした取り組みで包み込もうとするものです。これは乳児期から始まる文化芸術体験と、それを活用した社会的包摂の試みであり、創造的福祉社会への変容を促すものとして期待されます。

（一社）日本ベイビーシアターネットワーク会員 ベイビーシアター

ベイビーミニシアター『あ・の・ね』
日本児童・青少年演劇劇団協同組合/望月寛子

うたのたね
～おんがくのはじまり～/山の音楽舎

かぜのうた/表現教育研究所

風のみた夢/to R mansion

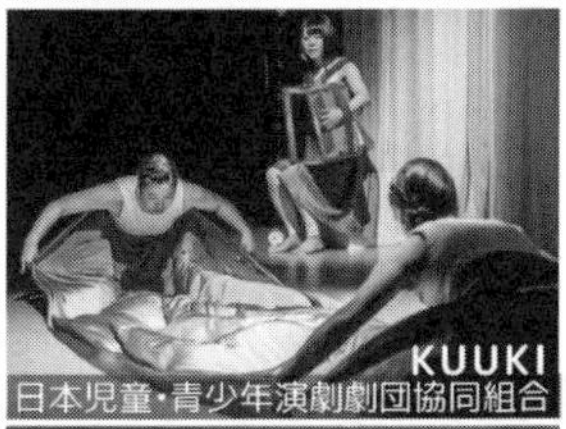
KUUKI
日本児童・青少年演劇劇団協同組合

想造舎
影絵音楽団くぷくぷ「がたんごとんがたんごとん」

ぐるぐる/CAN青芸

最高の子守歌/リーフ企画

そうぞうりょくのたね/OHオフィス

ののはなげきじょう
人形劇団ののはな

はじめてのおしばい「つぶやく」
山の音楽舎

nido/はらだまほ ©豊岡演劇祭 ©歌川達人

ハイハイ、ごろ～ん。/劇団風の子九州

はきゃまるシアター/スタジオエッグス

はじまりのうた/ポッシュノート♫

はるなつあきふゆ あそぼあそぼ
民族芸能アンサンブル若駒

Hello☆Babies/グレゴの音楽一座

ビーンズ・ドリーム
くわえ・パペットステージ

ふうふうあ～ん
特定非営利活動法人アートインAsibina

ぽかぽかぷくぷくマインマイン
香味野菜 ©小原孝博

まめまめどっこいしょ
民族芸能まんまる企画

MARIMO ©服部義安
日本児童・青少年演劇劇団協同組合/劇団うりんこ

〇△□ちゃん/劇団AFRICA

©服部義安
まるまる/劇団うりんこ

ミーくんとまほうのたね
人形劇団むすび座

水の駅 ©佐古晴弘
BEBERICA theatre company

みんなで一緒に、お話あそび
「なんだろうな なんだろうな」
うさぎの森企画

mtotoムトト/劇団AFRICA

よるのぼうけんれっしゃ
makaniまにまにlani

先駆けの取り組み

ベイビーシアターの環境を整える～確かな出会いのために～

子どもと文化全国フォーラム乳児専門委員会代表
一般社団法人 Baby Theater Lab 理事
大原淳司

2000 ▼ NOW

第一部では、子ども劇場首都圏での課題「0歳からの文化圏の保障」に対して、プロジェクトチームを立ち上げ、取り組んできたことをご報告しました。第二部では、自身の拠点である横浜こどものひろばでの取り組みについて、書きたいと思います。

■横浜こどものひろばでのベイビーシアターの取り組みの変遷

毎年夏の子どもと舞台芸術出会いのフォーラムでの「はじめてのおしばい」の新作発表が定着していくと共に、日本の各地で鑑賞の機会が重ねられていきました。どこの地域でも2～3歳の子どもたちはもちろんのこと、0～1歳の子どもたちも舞台に引きつけられました。彼らはものすごい鑑賞者で、丸ごと吸収していく様子に驚かされました。

ある日の現場では、舞台が楽しくてずっと笑っているお兄さんを、隣の赤ちゃんが見続けて一緒に笑っていました。赤ちゃんの共感力を目の当たりにした印象深い場面です。乳幼児の彼らが、何かひとつでも「面白い」と感じること、感じたことを主にお母さんと共有し、お母さんは自身の感動と共に、わが子と同調していくことが大切だと確信しました。赤ちゃんが全身全霊で見る姿、その姿を目の当たりにする親、これは思春期にまでつながる、深く大切な問題です。

この乳幼児期を過ぎた子たちは、次に低学年部の子どもたちと共に舞台を観るようになりますが、最前列に陣取り、最高の観客として会場の空気を一気に温めてくれます。また作品の中の怖いシーンでは、隣の知らないおばさんの手を掴んで必死に堪えている姿に、人間を信頼する心の成長を感じました。

このようなことがスムーズに生み出されるには、主にお母さんたちにとって、その場がおおらかであることが重要です。お母さんたちの心が安らぎ、ゆったりした気分でいられたら、わが子も同じようにゆったりとした心持ちでいられるようになります。

非日常の舞台空間には、日常の中には無いおおらかさがあります。演者だけでなく、現場のスタッフが温かく寄り添い、子どもが立ち歩いていたとしても、その作品から離れることなく心が広げられ、どんどん自由にあそび出します。まさに赤ちゃんの主体性が発揮される様子に、大人たちも幸せを感じます。

こうして場を重ねる中で、ベイビーシアターは、演じ手が演じるだけでは成立しないことがわかってきました。ベイビーシアターを企画する側が何を考え、何を大切にするのか。会場を共に作るスタッフは何をして、何をしない必要があるのか。大切に思うことは、今日ここで何が繰り広げられ、乳幼児親子は何のためにここに来るのか、ということです。そのことを念頭に置き、スタッフの立ち位置としては、親子が舞台をどのように感じたのか、どれだけ楽しめるようになったか、感じた変化を伝えることで体験が積み重ねられていく。そうした寄り添って見る気持ちが大切です。また、誤解を恐れずに言えば、観ることの邪魔になるような余計な関わりはしないこと、親子の交流、アーティストとの交流に必要以上に立ち入らないことも重要です。

中心になる主催者はクオリティーペーパーのポイントを意識して、その日の上演と鑑賞の成功を担保します。逐一細部に目を配るのは、個人差はあれ、見ること聞くことがおそらく初めてであろう彼らの繊細な感覚を大事にしてこそ、おおらかな空気を醸し出すことに繋がる、と考えるからです。（資料 クオリティーペーパー参照）

■乳児専門委員会（子どもと文化全国フォーラム）として

子ども劇場首都圏子どもと舞台芸術プロジェクトは二〇〇九年で作品作りに関わることを終えました。既にこの頃は、乳幼児向けの作品の必要性を感じられた上で、白ら作品作りに取り組む団体やアーティスト個人の方々の動きが始まっていました。

その動きに伴い、子どもと舞台芸術プロジェクトは、子ども劇場首都圏内での活動を終了し、子どもと文化全国フォーラムの中に、発展的に「乳児専門委員会」を立ち上げました。その設立趣意には以下のように記されています。「近年、神経心理学や脳科学の研究成果により、乳児像は刷新され、乳児の高い社会性・主体性が指摘されている。これをふまえ、本委員会は、今の日本における乳児の暮らしと育ちに主眼を置き、0歳からの文化的権利の保障はどのようになされるべきかについて、乳児向け舞台芸術『ベイビーシアター』の創造や上演等の実践に基づいて研究し、その成果を広く発信するものである」

現在は同志社大学赤ちゃん学研究センター所長の板倉昭二先生の講座の開催、子どもと舞台芸術大博覧会に於ける「あかちゃんひろば」の開催、及び、乳児作品の受け入れ・上演についての環境設定（人間環境・空間環境）を学ぶ「赤ちゃんスタッフ研究会」を立ち上げる等に取り組んでおります。

■資料■

ベイビーシアタースタッフクオリティーペーパー〈 主催者編 〉

		留意点	確認事項	
設営		より良い環境を整えること		会場設営：搬入・仕込み・客席づくり 環境整備：空調・照明・外光カーテン開閉・外への音漏れ・外からの遮音 安全対策：不要なものを隠す・準備終了後の確認
打ち合わせ	パフォーマー	お互いの気持ちを当日の成功に向ける 役割を忘れないこと （参加者、又はスタッフ同士がおしゃべりに夢中にならない等） 参加者へのまなざし （おおらかさの中でゆったりと）	開場前	開演の最大押し時間・開演後のスタッフのあり方と役割・参加者（人数・年齢等）
			開場時	出迎え：荷物置き場→誘導→携帯の電源オフ→待機場所（作品によって） 参加者への伝達：舞台の流れ・不安材料を取り除く（水分補給、授乳、赤ちゃんが動いたら等） 誘導：舞台の座り方（自由・年齢順・変則的年齢順等）
			開演中	主催者あいさつ：はじめ・終わり 基本的対応：舞台に進入する子・立ち歩く子・泣き出す子など
	主催スタッフ	今日の日をより良い日に おおらかに受け入れ、入り口から心をひらく応対を		会場設営：バギー置き場・傘置き場（雨天） 役割分担：開演中のスタッフの働き、動きの確認 受付：設営・手順・配布物・名札・天候と対策・遅刻対応・出欠 その他：迎え入れ（挨拶／声掛け）・開演判断と伝達・エレベーター入口階に戻す
終演後		声かけ （ひとりになっている参加者へ、帰る人へ） 次回への期待をふくらませる		声かけ：共有・共感・フォロー アンケート：用紙と鉛筆（子どもに注意）を配布

子どもと文化全国フォーラム「乳児専門委員会」資料より

アートスタートのこれまで・これから

特定非営利活動法人こども未来ネットワーク 理事長
渡部万里子

2000 ▼ NOW

■アートスタートのはじまり

鳥取県は、全国で最も人口の少ない県です。日本海と中国山地に挟まれ、少子高齢化率は全国トップクラス。この小さな県のアートスタート事業は、「鳥取県西部地震」（二〇〇〇年）をきっかけに始まりました。

震災後私たちは、被災地域に人形劇など生の舞台を届ける活動を行い、そこで「生まれて初めて人形劇を見ました」と、思いも寄らぬ声を耳にしたのです。「また来るね」、交わした約束を果たさねばと思いました。

被災地支援活動と同時期（二〇〇一年）、文化芸術振興基本法が公布され、乳幼児からの文化芸術体験「アートスタート」を「ブックスタート」に続く子育て支援事業にという呼びかけ（子ども劇場全国センターによる政策提言「乳幼児のためのアートスタートプラン」）がありました。

被災地支援で感じた「全ての子どもに」という思いと、新たな運動「アートスタート」への期待が相まって、「鳥取県内全ての子どもにアート体験を」の願いを込め、二〇〇二年（現法人設立年）、第一回アートスタート公演『どうぞのいす』（演劇集団円）を県内二カ所で実施、以後、様々な助成金を頼りに県内各地でアートスタート事業に取り組みました。

■補助金制度がもたらしたもの

「赤ちゃんもお金払うの?」親たちの声、それが後には変化します。価値ある体験だと、参加すれば分かるのです。そこにアートスタートの意義、可能性を感じつつ、子育て世代（受益者）の負担軽減と、安売りしたくない気持ちとの狭間で心は揺れました。

二〇〇四年、行政への働きかけが実を結び、県の補助制度「アートスタート次世代鑑賞者育成事業」が生まれ、私たちは県内全域でのアートスタート公演を意気揚々と実施しました。国内外からアートスタート作品を招聘し、アートスタートは私たちにしか出来ない事業だと自負しましたが、三年後、突如補助制度は見直され、直接補助（県から団体）から間接補助（県から市町村を経て団体）となり、事業の独占は不可能となりました。

補助金制度改革により、私たちが、ではなく、地域の皆さんが主体的に取り組むアートスタートへ、県内十九市町村でのアートスタート実施を目指し、サポートする取り組みへとシフトする道を示す結果となり、今では感謝しています。

■鳥取モデル*1を全国へ

活動開始から十一年、過疎地域と呼ばれる山間地での実施にやりがいと手応えを感じ、自治体と地域団体、そこにコーディネート役の私たちが加わり取り組むスタイル（アートスタート鳥取モデル）が確立しました。十九市町村中十七市町村での実施を果たし、全国初のアートスタートフォーラム「とっとりおひざのうえ2013」開催など、県内外にとっとりのアートスタートを広め、アートスタートは県内で確実に認知されるようになりました。またこの時期、アートスタート作品作りにも挑戦しました。作品はその後、地元アーティストが引き継ぎ、人気作品となりました。

■アートスタートは地域と共に

取り組み開始から二十年を越えた今、なぜ続けるのか、と問われれば「アートスタートの空間が好き」としか答えられないでしょう。言葉を持たない小さな人と表現者とが、互いに等し

全国初のアートスタートフォーラム
「とっとりおひざのうえ２０１３」ちらし

音楽ユニット マイトリー＊3
『マイトリーのWarabe-uta Party』

第11回アートスタートフォーラム＊4

く、与え合う時間を目撃できる幸せに、いつも胸がいっぱいになります。

先日開催した第十一回アートスタートフォーラムでは、「アートスタートが少子高齢化といった地域課題解決に繋がる事業に進化し始めた」、「毎年三パターンのアートスタート（赤ちゃんと、園の仲間と、家族みんなで）を欠かさず実施している」、「地域独自のアート人材、アート環境を生かす取り組み」等々、それぞれの地域らしいアートスタート事業が報告されました。

更に「全ての子ども、誰一人取りこぼさない」＊2という信念でアートスタートに取り組む自治体（境港市）の報告には驚きを越え、一同感動しました。私は、コロナ禍、わずか六名の在園児に届けたアートスタートを思い出していました。小さな瞳が出演者から一時も離れることはありません。出演者が歌う最後の曲、それを受け止める子どもたち、「ありがとう」小さな背中が語っています。その姿に大人たちはただ涙するばかりでした。

■続けていくこと

「全ての子どもたちにアートスタートを！」小さな県の大きな挑戦は、今なお道半ばではありますが、続けていくこと、それが全てであり成果に繋がります。

演じる側の人たちが中心となり、ベイビーシアターが全国へと広がっています。立場は違っても、小さな人を先生に、宝物のような時間を一人でも多くの子ども、親子に届けられるよう、共に学び続けていけることを願っています。

■注

＊1 **鳥取モデル** アートスタートを地域で継続実施することを目指し、地域住民（団体）・施設、自治体、出演者（創造団体）をアートコーディネーターがサポートし、地域の実情に合わせ取り組んでいくスタイルのこと。

＊2 **境港市**では二〇一三年から市内全域の保育園・幼稚園でのアートスタート公演を実施。以後、コロナ禍も休むことなく続けられ、二〇二二年からは無認可保育園まで対象を広げた。

＊3 **マイトリー** 山陰を中心に活動する音楽ユニット（歌／奥田さやか ギター・ウクレレ／ひうた）。二〇一三年制作のアートスタート作品を引き継ぎ各地で上演、あらたな魅力が加わった。

＊4 **第11回アートスタートフォーラム** 二〇二三年十月十二日境港市にて「知ろう！ 語ろう！ 広げよう！ とっとりおひざのうえ２０２３」と題して開催。フォーラムの様子は動画公開中。

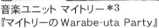

乳幼児部組織づくりへ至った経過と その後の20年

2001▼NOW

鹿児島県子ども劇場協議会　藤　英子

　一九九〇年代から、神戸連続児童殺傷事件を始めとして、九州内でも子どもが当事者になる事件が連鎖するように起こり始めた。当時、子を持つ親など社会全体に大きな不安の渦のなか、子どもの育ちについて誰もが真剣に考えざるを得なかった。一方では、全国的な子どもおやこ劇場はつながりが薄くなり、様々な運動の方向性も出てきた時期でもあり、私たちは、独自に学び実践し鹿児島の方向性を考えざるを得なかった。

　当時私は、子どもキャンプ＊1の指導員問題に悩み続けていた。鹿児島は、発足時から、青年が子ども劇場をつくってきた歴史があり、青年ブロックが、会全体の子どもたちの集団づくりの活動をすべて担っていた。それが、いつの間にか青年たちが主体性に乏しく受け身になり、青年ブロックは崩壊寸前となっていた。私たちは、青年期の問題を解決するすべもなく、子どもキャンプに代わる夏の十日間子ども村＊2も運営が担わざるを得ない状況となった。何が問題なのだろう？　青年の内面の育ちを一人ひとり考えると、どうしても乳幼児期まで遡って考えざるを得なかった。

　乳幼児部組織づくりのきっかけは、二〇〇一年、鹿児島市子ども劇場連絡会全体会でひとりのお母さんが手を挙げ、「幼児の活動が大切と話されているのに、課題にはあげないのですか？」という質問からだった。その後、組織として考えていく方向性を打ち出し、二〇〇三年より、福岡の教員養成所の古賀由美子氏による年五回の乳幼児サポーター講座（0歳からの活動を支える専門の人材作り）を始め、0歳～3歳までの乳幼児部組織づくりへと進み、二〇〇四年に1歳から3歳までを会員として年二回の舞台鑑賞活動＊3と自主活動＊4を保障する乳幼児部組織＊5が立ちあがった。

　当時、この年齢だけを対象にした作品もなく、劇団に相談したり、ともに作品を生み出したり、お互い手探りだった。一方、乳幼児会員の親たちは、無料の行政などで行っている会では得られない、自分たちで企画しやりたいことが実現できる劇場の良さが広がり、現在、乳幼児部組織は鹿児島市から県内の子ども劇場へと広がってきた。

　乳幼児部ができ成果が見えてきたのは、子どもたちが思春期に達した頃だった。ちょうど、県の高学年子ども芸術祭典＊6の『ちゃんぷる～』（児演協制作）の取り組み真っ最中の頃だった。乳幼児部発足当時2～3歳だった子どもたちは、中学二、三年生になっていた。自分たちの中学校での公演のために、チラシ・チケットづくり、広報、宣伝、集客まですべてを中高生による子ども実行委員会が担う。この子たちがチケットを売る力が半端なかった。乳幼児期に「人間をどこまでも信頼できる力の獲得」ができたのではないかと思う。また、翌年のティーンズアートフェスティバル＊6では、県内各地で行われる舞台公演の脚本を、乳幼児期から育ってきた高校生たちが書いていた。作り、表現し、仲間と作り上げる楽しみや働きかける力が凄い。親たちへの聞き取りのなかでも、「学校でも当てにされ、人を信頼し自分の人生を自分で決めていける子に育っている」と話され、ともに育ってきた喜びが共通に語られた。見えてきたのは、年齢に応じての活動を継続し、生の舞台芸術を見続けてきた子どもたちの姿だ。

　もうひとつは、会の担い手が育っていることだ。現在、運営の中心を担っている乳幼児から

いる親たちの多くが、また、発足時からサポーター講座（現在アーツ講座）＊7を継続し実践してきたアーツママ＊7三十数名が、わらべうたを中心に地域でシアター例会を生み出し、プレイシアターもぜもまた、そこから誕生した。

2004年乳幼児部発足鑑賞例会『ぴーかぶー』（劇団風の子九州）に集まったたくさんの乳幼児と親たち

乳幼児部設立から二十年たち、今わかることは、青年たちの力となってきたことだ。子ども劇場五十周年企画を二年かけて自分たちで予算から助成金申請も行いすべて成功させた。夏の十日間子ども村も青年実行委員会のみで子どもたちと実施している。夜な夜な集まって様々な会議をしている姿は、九〇年代延々と悩んできた時期から考えると私にとってはまるで夢のようだ。青年たちが集団で語り合える日々までの道のりは、長かったと思う。乳幼児部をつくったことが、振り返ってみると、その親子ともに会のなかで育ちあっている。

この秋、鹿児島市の十四の子ども劇場が、二つの新しい子ども劇場へ生まれ変わった。なかでも、かごしま中央子ども劇場は、約六百名の会員の六分の一、百名ほどが、高校生以上の青年ブロック会員だ。その高校生青年サークルからの代議員が発足総会で次々と発言をし、新しい会の希望となっている。あの乳幼児の例会時に動き回り追っかけ続けていた子が、青年となりきびきびと動き、総会で質問する姿に地域の親たちは、涙を浮かべている。乳幼児期から子どもたちに文化芸術環境を粘り強く作り続けてきた乳幼児組織は、思春期に蕾をつけ、青年期に花が開いた。これから先、そんな青年サークルが地域にあれば、すべての子どもたちへと向かう地域変革の力になると確信する。そのためにも、再度、乳幼児期から当事者主体の民主的な組織づくりへむけた運営の力量をつけることが今の鹿児島県の大きな課題である。

■注

＊1 子どもキャンプ　四年生以上を対象とした青年と子どもたちだけで行う三泊四日前後の夏キャンプ。一九七二年から一九九三年ぐらいまで行われた。

＊2 子ども村　子どもたちに自由な時間と空間と仲間を保障しようとはじめた七〜十日間の長期キャンプ。一九九六年から。

＊3 鑑賞例会　生の舞台芸術を定期的に観る会。

＊4 自主活動　自分たちで主体的に企画していくキャンプやまつり、遊び会など。

＊5 乳幼児部　現在0歳〜2歳の子どもの発達にそっての舞台鑑賞例会と自主活動を保障するための部。サークルを基盤とした組織。（会費は同額）

＊6 鹿児島県高学年祭典及び、ティーンズアートフェスティバル　二〇〇〇年からスタートした鹿児島県内の中高生のつくる舞台鑑賞と表現活動を隔年でプロの団体と行う活動。県内各地の取り組みを中高生の実行委員会主催で行っている。

＊7 アーツ講座　アーツママは、三年ほどの学習と実践を重ねて地域のアーツママとなる。アーツママは、地域の乳幼児・幼児に関わる専門的な力をもった集団として県全体で連携し学びあい実践を積み重ねている。

近年の取り組み

「乳幼児部」を組織として立ち上げる

(特) 北九州子ども劇場事務局長 井上美奈子

2010▼NOW

●「乳幼児部」*スタート

子ども劇場は誕生したときから子どもの成長発達に沿った活動をつくることをめざしてきました。しかし、会員を4歳からとしてきたことで、0歳～3歳が大切な時期である認識はありましたが、活動の対象は4歳以上というのが現状でした。二〇〇五年の国連子どもの権利委員会での乳幼児期に向けての新たな提言などを通して、乳幼児をどうとらえるかの論議を始めました。近年の脳科学や保育の実践の発展で生後間もない赤ちゃんや幼児の能力について多くのことが解明され、赤ちゃんは体だけでなく脳も日一日と目覚しく成長していき、この時期にあらゆる器官や感覚を駆使して受けた刺激を吸収して成長すること、受身なだけでなく、能動的に周囲とコミュニケーションをとりながら自ら成長する力をもっていることがわかってきました。そのことを踏まえ、人格形成の基礎をつくるこの大事な時期に、文化権を保障していくために、二〇一〇年九月から、一年に二回乳幼児部例会を保障することを決めて「乳幼児部」をスタートさせました。

し、年5回舞台を鑑賞できます。
(1,500円)でW(ダブリ)券を購入できます。
ります。
年間スケジュール
2024
2 月3日(土) 0歳～幼児
黒崎ひびしんホール中ホール
へんてこげきじょう
人形劇団京芸
ねずみが歯医者？どうしてバターが動くの？なんてことも人形劇では当たり前。ちょっとへんてこで楽しさがつまった３本立てです。
5 月17日(金) 黒崎ひびしんホール中ホール(予定)
月18日(土) 北九州芸術劇場 小劇場(予定)
○△□ちゃん
GEKIDAN AFRICA
アフリカの太鼓ジェンベのリズムとアフリカンダンスのパフォーマンスです。みたあとに、楽器にふれてあそぶ時間もあります。

●大切にしたこと

行政が少子化対策に力を入れる中で生まれた子育てサークル、幼稚園や保育所の未就園児クラス、子育ての自主サークルなど乳幼児親子が集う場は北九州市内でもたくさんあります。しかし、自由に集まれる場所ではあるけれど「子育ての仲間」としてお互いを感じ合えるものにはなってはいないと感じていました。そこで、乳幼児親子を支援するのではなく、当事者が主体となっていく活動をつくっていくことをめざしました。

●十年を経て、乳幼児部例会を年間二回から五回へ

乳幼児部例会を実施するようになって、子どもたちが吸い込まれるように舞台を見つめる姿を観るたびに、乳幼児の持っている力に感動しました。しかし、年間五回の例会の中で、乳幼児部例会は二回。あとの三回は低学年部例会と合同で観ていました。低学年部例会は上演時間も長く、特にホール公演などでは演出効果などで舞台が暗くなったり大きな音が出たりします。低学年の子にとってはわくわくする場面も、乳幼児の子どもにとっては怖くて泣いてしまう、ということが多々起こりました。そうするとお母さんたちは申し訳なさそうに途中で退席することになり「まだ早かった」ということになります。その場面に出会うたびに、子どもたちの観る力を知っている私たちがこのままでいいのだろうか？と、疑問に思うようになりました。

観る
北九州子ども劇場
定例舞台鑑賞会（通称：例会）
会員になると
●乳幼児部・低学年部・高学年部のいずれかに所属
●所属以外の例会鑑賞については、１ヶ月分の会費
ただし、例会によっては発行できない場合もあり
2023
乳幼児部／０～３歳
5月7日(日) 黒崎ひびしんホール中ホール
5月8日(月) 北九州芸術劇場小劇場
きんぎょがにげた
人形劇団プーク
五味太郎さんの絵本で親しまれている「きんぎょがにげた」が人形劇で登場！みんなで一緒にきんぎょを探してみましょう。
乳幼児部
20周年記念事業特別例会
カラフルパズル
8/2(水)・3(木)
北九州芸術劇場 創造工房
ダンセマ・ダンス・シアター（リトアニア）
乳幼児部例会では初めての海外作品です。3人のダンサーたちがカラフルな"形" をパズルのようにつかったパフォーマンス。
10月28日(土) 黒崎ひびしんホール中ホール
10月29日(日) ウェルとばた多目的ホール(予定)
ぶっかりぼっかり
くわえ・ぽぺっとステージ
ちいさな子どもたちは好奇心がいっぱい。そんな子どもたちの想像力豊かな日常と重なる３つのお話です。
12月9日(土) 黒崎ひびしんホール中ホール
12月10日(日) 北九州芸術劇場 小劇場
ドレミきんぎょ
SARAE presents
ドレミちゃんと一緒に音楽の世界へ。ピアノ・ヴァイオリン・チェロの演奏、そして本格的なオペラの歌を親子で贅沢に味わいます。

北九州子ども劇場 2023年度 乳幼児部の舞台観賞会（同劇場パンフレットより）

例会の回数を増やすためには、それまで1歳から千円だった会費を千五百円に値上げすること、今いる乳幼児部の会員数を維持することが必要でした。大きな決断だったので、会の中で慎重に討議しました。例会を観続けてきて乳幼児の持つ力を実感していたことと、当事者主体の活動をつくってきたことで、役員が乳幼児部を体験してきた人が多くなっていたことが、討議を前向きなものにしたように思います。二〇二〇年五月から、乳幼児部例会五回実施が実現しました。

●乳幼児部例会が五回となって

山の音楽舎の川中美樹さんから、五回例会を観るようになったら日常が変わりますよ、と言われました。今、それをとても実感しています。年間五回の例会だけでなく、その例会のための事前事後の取り組みをすることで、文化に触れる体験が「特別」なのではなく「日常」になっています。普段の生活の中では身体の成長は見えても心の成長は見えにくいのですが、例会ごとに子どもの観る姿勢や反応の変化で心の成長が実感できます。また、いろいろなジャンルに触れることができます。二〇二〇年度の例会では、人形劇、舞台劇、音楽、芸能とすべてのジャンルを鑑賞することができました。二〇二三年度は北九州芸術劇場とも協力して海外作品の鑑賞にもチャレンジしました。（上の資料参照）

あるお母さんが、例会を観た後に子どもが観たことと同じ行動をしているのを見て「子どもと会話できた気がしました」と言われました。乳幼児の子どもは、まだ言語を持ちません。けれど舞台を観るという共通体験を通して、子どもの心に触れることができたということなんだと思いました。子どもの意思を感じることができて、親子の関係にも変化が生まれてきています。立ち上げから十三年、乳幼児期から文化権を保障することの意義を強く確信しています。

■注

＊**乳幼児部**　0歳から3歳までを対象に、舞台鑑賞会と自主活動を実施。舞台鑑賞会は年間五回保障。その他、地域で「わらべうたあそびの会」などを定期的に実施。

「0・1・2（おいっちに）のおもちゃ箱」に取り組んで

2018 ▼ NOW

公益財団としま未来文化財団 事業企画課
事業企画グループ 草ケ谷 冴香

公益財団法人としま未来文化財団では、「0・1・2（おいっちに）のおもちゃ箱」と題し、〝世界はステキな出会いに溢れている〟を合言葉に0歳からの小さな子たちと共にある大人へ、たくさんの出会いの場をつくっていくこと目指した事業を展開しています。私たちがベイビーシアターと出会ったきっかけとこれまでの取り組みについてお話したいと思います。

かつて豊島区は東京二十三区内で唯一「消滅可能性都市」と指摘を受け、子どもと女性にやさしいまちづくりをひとつの柱とし持続発展する都市へと変化を迫られていました。子育てしやすい街として〝誰一人取り残さない〟をキーワードに、若い子育て世代にも住みやすい街づくりを行政が進める中、当財団としてもそれを目標に掲げ新たな事業を検討していました。ちょうどその頃、日本児童・青少年演劇劇団協同組合のベイビーシアタープロジェクト（以下児演協ＢＴＰ）から、ベイビーシアター事業の三ヵ年計画に賛同する団体を探しているという話が舞い込んできました。その三ヵ年計画とは、一年目は児演協ＢＴＰの事業としてベイビーシアターを実施し、二年目は共催として行い、最終年度は団体が自立した形でベイビーシアターを開催するというものでした。私たちは、豊島区に住んでいる赤ちゃんやその保護者の方たちに豊かな芸術体験を通して区に愛着を持って長く住んでいただけたら、そんな思いも込めて児演協ＢＴＰの三ヵ年計画に賛同することを決めました。

初年度は、開催前からベイビーシアターを学ぶため、前任の担当者は研修に参加したり、他の公演を見学したりと知識を深めることに努めました。その中でベイビーシアターは赤ちゃんの観る力、聞く力、感じる力に働きかけて、その力を共に観る大人たちも一緒に分かち合える空間なのだということを知ることができました。実際に開催すると参加者の反応も大変好評で、翌年の二〇一九年度は区内二か所で実施することができました。

そして三ヵ年計画三年目、自主開催となる二〇二〇年度、新型コロナウイルス感染症が猛威を振るい、私たちはこれまでと同じような形態では実施ができないと判断し、新たな形を模索することになりました。感染症対策をするといってもその事例はなく、どのようにしてすればよいのか、そもそも開催すべきなのか、私たちは悩んでいました。ただ、コロナ禍で孤立し

としま未来文化財団 ベイビーシアター上演記録
「0.1.2.（おいっちに）のおもちゃ箱」

年度	演　目
2018	ベイビーミニシアター「旋」（板津未来・土井真波）
2019	ベイビーミニシアター「アル」（中市真帆）
	うたのたね～おんがくのはじまり～（山の音楽舎）
2020	ベイビーミニシアター「マ・プニュ・ンカ！」（あらたに葉子・ぴん太郎）
	ベイビーミニシアター「まる」（大沢愛・戸前優子）
2022	ロバの音楽座「ポロンポロン」（ロバの音楽座）
	ベイビーシアターnido（はらだまほ）
2023	「注文のない料理店 for Baby」（to R mansion）

「0.1.2.のおもちゃ箱」
2020年度公演チラシ【下】と
ベイビーミニシアター『まる』
コロナ禍の中、蚊帳ドームを配置した上演のようす

ている赤ちゃんやその保護者たちに一時でもほっとする時間を提供したい、安心できる場所で赤ちゃんたちのコミュニケーションがとれる場所を作りたい、そんな思いも強く持っていました。私たちはその思いを児演協ＢＴＰに伝えました。児演協ＢＴＰでは、感染症拡大防止のための情報収集と徹底したテストを行っていました。これまで公演中に参加者同士が共有していた備品類は一人一つずつ用意をしたり、パフォーマーの顔がマスクで隠れて赤ちゃんが怖がらないように透明フィルムを駆使したマスクやボードを作成したり、公演前の自己管理も徹底していました。これまでの二年間で培った信頼と児演協ＢＴＰの努力と協力のおかげでコロナ禍でも二回のベイビーシアターを開催することができました。

　そんなコロナ禍開催の二〇二〇年度、私にとって、とても印象深い回があります。ベイビーミニシアター『まる』、参加者全員が輪になって中央で演者が〝まる〟という言葉を題材に演じるあたたかくてやわらかい作品です。距離を保つように座っていただいても赤ちゃんはきっと自由に動いてしまう。密になることは避けなければ。そこで私たちは二人用の蚊帳を購入し、一組用のドームをつくりました。ドームの中にはやわらかいラグも敷きました。それを十個並べて円をつくり、周りは見えて声も聞こえるけれど接触は避けられる空間をつくりました。十個の蚊帳ドームはそれはとても幻想的な設えになり、『まる』の描く世界にぴったりとはまりました。赤ちゃんがとても興味津々にドームの中で楽しんでいる姿、保護者の方たちの自己エリアに安堵して参加されている姿、『まる』の出演者の参加者ひとりひとりに対する演技、声掛け、とても素晴らしい空間でした。コロナ禍で編み出した設えが作品の生み出す世界と一致して日常とかけ離れた場所をつくりあげていました。「子どものあんな表情を初めて見た」「私が笑っているのをみて子どもが嬉しそうだった」「豊島区に住んでてよかった」本事業の目的に一歩前進できたと感じた瞬間でした。

　ベイビーシアターは、本事業の合言葉である〝世界はステキな出会いに溢れている〟にマッチしたアート体験だと思っています。赤ちゃんの観る力、聞く力、感じる力に働きかけ、その力を共に観る大人たちも分かち合える、私たちのところで起きたそんなベイビーシアターが色々なところで開催されることを願っています。

ベイビーシアターと地域の出会い・つながり——川崎市アートセンターの場合

川崎市アートセンター アルテリオ小劇場ディレクター

藤田千史

2019
▼
NOW

川崎市アートセンターは二〇〇七年に開館した川崎市の施設です。川崎市北部・小田急線新百合ヶ丘地域にあり、ミニシアター系の作品を上映する映像館（百十三席）、小劇場（百九十五席）を併設しています。小劇場は音の反響が少なく演劇に適した劇場で、プロの劇団から市民の発表会等、幅広い利用があります。

この小劇場ではベイビーシアターを二〇十九年より毎年上演しています。コロナ禍でも工夫をしながら継続し、二〇二三年で五年目となりました。今回は、私たちの劇場でどのように上演を続けてきたかを書かせていただきます。

その前に、私が初めてベイビーシアターに出会った時のお話をしたいと思います。

最初の体験は二〇一六年の沖縄りっかりっか＊フェスタでした。児演協『Baby Space』をテントの中で体験（鑑賞？）する機会を得ました。赤ちゃんとその保護者の非常にリラックスした柔らかな空間に、似つかわしくない大人（私たち）がお邪魔するという居心地の悪いスタートでした。

しかし、始まると保護者から離れ自由に歩き回る赤ちゃん、知らない大人に寄りかかって寛ぐ赤ちゃんの様子は、完全に安心してリラックスしていました。また保護者もゆったりと空間を楽しんでいて、気づけば私もすっかり楽しんでいました。ベイビーシアターが「赤ちゃんのための演劇体験」であるだけでなく、「親子でリラックスし楽しむ演劇体験」であると理解しました。

その後、二〇一七年、アシテジ世界大会南アフリカケープタウンに参加。幼少期の私が鑑賞したことのない、子どもたちの成長に細やかに合わせた現在の世界の児童劇を体験しました。

さて、川崎市アートセンターでのベイビーシアターの上演記録です。（**資料　川崎市アートセンターベイビーシアター上演記録**）

いずれも毎年ゴールデンウィークに川崎市北部を中心に開催される「川崎・しんゆり芸術祭」のラインナップとして上演しました。これはオペラ、バレエ、能・狂言、ジャズライブなどをこの地域の様々な劇場・ホールで上演する総合芸術祭で、アートセンターは演劇・児童劇を中心に参加しています。

二〇一九年、山の音楽舎『うたのたね〜おんがくのはじまり〜』を提案する際、企画委員会では「赤ちゃんに演劇を見せて何がわかるのか？」「少人数定員は赤字だろう」などの声が上がりました。その際、芸術祭特別参与であるふじたあさや氏より世界の児童劇界でうまれたベイビーシアターの存在を紹介、この川崎市にそれに取り組む団体（山の音楽舎）

川崎市アートセンター ベイビーシアター上演記録

公演日	演　目	
2019/5/3・4	山の音楽舎「うたのたね〜おんがくのはじまり〜」	写真❶
2020/8/20・21	児演協「KUUKI」　※緊急事態宣言により5月より延期、規模を縮小して上演	写真❷
2021/5/8・9	ベイビーミニシアターフェスティバル「あ・の・ね」「マ・プニュ・ンカ！」「まる」	写真❸
2022/5/3・4	ベイビーミニシアターフェスティバル「あるく」「響鳴」「アル」	写真❹
2023/5/3・4	児演協「KUUKI」	写真❺

があることを説明。また、アートセンターとしては「地域の文化芸術拠点として、助成金申請などの駆使をしながら、幅広い世代の地域住民にむけた事業を行いたい」と理解を求め、上演の運びとなりました。現在では関係者の理解も進んできました。

アートセンターでの上演では「リラックス公演」を毎年一回設けています。これは障がいのあるお子さん、配慮の必要なお子さんと保護者の方を対象にした公演で、多くの赤ちゃんと一緒の観劇が難しい、または不安に感じるご家族のための時間です。ベイビーシアターネットワークの協力のもとアクセスコーディネーターが、保護者に事前に話を聞き、アーティストの協力（作品を壊さない範囲での音の大きさ、動きの配慮など）のもとで実施しています。コロナ禍で途絶えていましたが、二〇二三年、久しぶり二組のお客様をお迎えできました。

この芸術祭は、運営を地域住民で構成されるアートボランティア（シニア層が中心）が支えていることが大きな特徴です。ベイビーシアターでは看護師・保育士の経験のある方、このような取り組みに興味をもつ方等が参加しています。毎年、公演前にアーティスト・アクセスコーディネーターによる事前レクチャーの時間を設けてもらうことで、ベイビーシアターやリラックス公演への理解を深める機会となっています。ボランティアの中にはお子さんとお孫さんに勧めてくださる方も出てきました。

演劇は〈お客様と出演者〉が劇場で出会うことで初めて成り立ちます。私たちのベイビーシアターの取り組みは、これに加え、〈ベイビーシアターと赤ちゃん〉、〈創り手（アーティスト）と支える側（劇場・ボランティア）〉、〈地域のシニア層（ボランティア）と若い親子世代（観客）〉、〈劇場と地域住民〉などの様々なつながりを生みだしてくれました。これは大きな収穫であり、劇場の財産だと感じています。出会った赤ちゃんが、いつかワークショップに参加したり、児童劇を観に来てくれるよう、劇場の扉を開けて待っていたいと思います。

❶

❷

❸

❹

❺

小さな観客と向き合って

CAN青芸 浅野佳砂音

むかしむかし、対象年齢0～3歳の芝居があるなんて私の頭の片すみにも無かった頃、言語理解あってこそ芝居を楽しむに至ると、何故か思っていた三十年以上前、デンマークの女優さんの0～3歳児に向けたひとり芝居を観ました。芝居を観たというより、全身全力で芝居を観る乳幼児という観客の背中を初めて観ました。その情景は、一瞬にして私の思い込みを壊し、いつの日か、この情景の中に自分も在りたいと思わせました。

その体験から十数年後やっとあの情景への一歩を踏み出し『ぐるぐる』という作品を立ち上げました。そして出会った観客は、おおらかにして、かつ鋭利な感受性を持つ信頼するに足る観客でした。芝居が始まった瞬間に小さな観客が作り出す、完璧な静寂に鳥肌が立ちます。お母さんの胸に

心が触れ合える瞬間を大切に

劇団ひまわり 望月寛子

私は二〇一七年からベイビーミニシアター『あ・の・ね』という作品でベイビーや保護者の方と関わっています。ベイビー作品を創作したいという思いは、私が所属している劇団ひまわりの『Baby Love』を見てからうっすら思い描いていたのですが、その気持ちがさらに大きくなったのは、二〇一五年のCAN青芸さんの『ぐるぐる』の観劇体験でした。0～2歳のベイビーがお母さん、お父さんの腕の中で、じっと見ているかと思えば笑ったり、手足をバタバタ動かして音楽に乗っていたり、思わず立ち上がって一緒に真似っこしたり……五感フル稼働で楽しんでいる！ それを見守る大人たちはベイビーの思いがけない反応に一緒にクスッとしたり、手拍子したり、身体をゆらしたり……。音楽・空間の使い方・登場するキャラクターなど様々な要素が有機的に絡み合い、赤ちゃんも大人も、会

親として人間としてアーティストとして

グレゴの音楽一座 グレゴ

およそ十年前、生後十八ヶ月の娘と妻と私は、初めてベイビーシアターと出会いました。山の音楽舎は、柔らかなアースカラーの中に、リラックスできて魅力的な小さな世界を作り出していました。それはベイビー親子のためだけに用意されたアート空間でした。このイベントでは、演者は子どもたちのごく間近でパフォーマンスを繰り広げ、周りの大人たちも、ベイビーの注意を小さなコミュニティに引き込むように楽しみを共有しました。それはあたたかく、今までに観たどの劇とも違う体験でした。日々ストレスにさらされるベイビーの親として心癒されるとともに、ベイビーをリスペクトするこのジャンルに人間としてアーティストとして魅了されました。このような体験が社会でもっと共有されるべきだという感情を呼び起こされました。

私の劇団はもともと、言語よりも音とイメージによる表現に重きを置いており、これはベイビー

顔をうずめ最後まで芝居に振り向かなかった2歳児が、終わったとたん「もいっかい……」とつぶやく姿に小さな観客が芝居を観るとはこういう事かと気付かされます。だから、この人たちの前では、よりシンプルで誠実な表現者でありたい。小さな人たちの小さな反応を全身で受けとめられる役者でありたい。それが「生」の意味。そんなことを思いながらステージを重ね、二十年が経ちました。

ベイビーミニシアター『くあくあくう』　写真：松浦 範子
CAN青芸
出演：（左から）中ムラサトコ・浅野佳砂音

場がひとつになり、和やかで豊かな、演劇的な空間を味わえるということに衝撃を受けました。ベイビー作品だからこそ味わえる豊かさだとも感じました。

　私たちの作品『あ・の・ね』でもそういう空間・時間を目指し、〝心が触れ合える瞬間〟を大切にベイビーと大人の人たちとの出会いを楽しんでいます。ベイビーが身近にいる方にも、そうでない方にもベイビーシアターに出会って欲しい！　体感して欲しい！と思うのです。

ベイビーミニシアター
『あ・の・ね』
出演：（左から）
松田紀子・孕石きよ・望月寛子

シアターのニーズに合うものでした。私は、ゆったりと快適で安心できる、静かで夢のような空間を創造することに努めました。ベイビーの自由でいられる雰囲気は、表情豊かな反応を促します。やがて、カラフルな生き物と楽器でいっぱいの魔法の森が誕生しました。おしばいは毎回、その場に居合わせた人々によって味付けされた唯一無二のレシピになります。ここでは出会う人々と喜びを分かち合うことができ、共感は可憐な野花となって会場に咲き誇ります。（和訳・**原田えみか**）

『HelloBabies』　グレゴの音楽一座

人が世界と出会うとき

赤ちゃんが演劇を観るってどういうこと？
そう思う人は少なくないのではないか。わたしも初めは何のことだか意味がわからなかった。

出会いは批評対話。デンマークの児童青少年演劇の人たちが始めた活動だ。演劇人が互いに舞台を観あって語り合う中で、これからの創造につながる何かをつかんでいこうというもの。日本の児童青少年演劇界でもこれを取り入れようと、毎年デンマークから講師を呼んで、舞台を観ては語り合った。その中に山の音楽舎の作品があり、わたしにとってはそれがベイビーシアターとの初めての出会いになった。

赤ちゃんと連れてきたおとな、そして演者で作られる世界。わたしのような関係のない？おとなが、大きな身体でその空間にいるだけで、何だか異物のような気がした。赤ちゃんが心地よくいられるために邪魔をしてはいけない、忍者が隠れ身の術をするように、ひっそりとその場に同化しようとするのだが、緊張してうまくできない。けれど、最後には赤ちゃんや同伴するおとなと一緒に小さく歌いながら、その空間をあとにした。ふしぎな印象を残した体験だった。

脚本家
いずみ凛

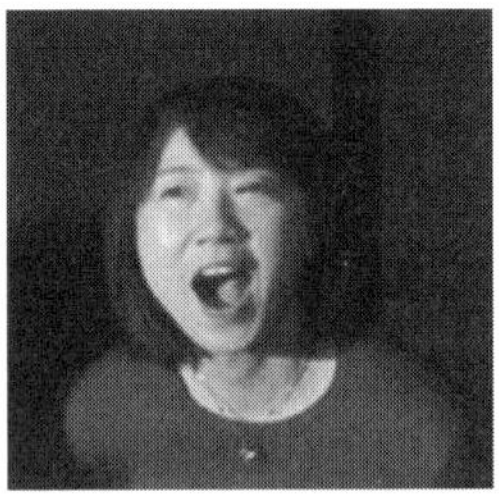

その後、わたしは自分自身も批評対話のコーディネーターとして活動するようになる。毎年岸和田の演劇祭で松本則子さんと一緒に「げきを観て語る会」をし、児演協の批評対話の活動に参加してきた。しかしベイビーシアターと出会う機会はなく、時は過ぎていった。わたしはもともとセリフを書くのが好きで脚本を書いている人間だ。人の発する言葉が好きなのだ、そもそも世界が違う、わたしには無縁だと思いこんでいた。

が、二〇一五年に児演協にベイビードラマ部ができると、ベイビー作品の公演の度に批評対話が催されるようになる。あの不思議な世界は何だったのか？それが知りたくて、呼ばれれば出かけていく。舞台に立ち会ううちに、だんだんベイビーシアターの魅力にやられていった。なんだ、これは？なんなんだ、この幸せな感覚は――舞台を観るたび、幸福感に満たされていくのだ。

ベイビーシアターはそこに世界をうみだす。演劇そのものが元々そういうものだが、たいてい物語を通して世界をつくることが多い。けれど、ベイビーシアターは言葉や物語以上に、感覚的な要素が必要だ。目で見るもの、色彩、明るさ暗さ、聞こえる音、音楽、触れるもの、身体を受け止める床面の感触、肌合い、それらの醸し出す空気などなど。おとなたちは日常と違う世界に身を浸し、赤ちゃんはそれを全身で感じ取る。そして、その世界とつながったと感じる瞬間が生まれる。赤ちゃんはただそこにいるのだが、確かに今世界と呼応していると感じる瞬間。ベイビーシアターを観ながら、そんな瞬間に何度も出会った。そのたびに、わたしは幸福感に包まれ感動する。

この世界にやってきて間もない赤ちゃんは、自分が生まれてきたこの世界がどんなものかを確かめている。それは世界に馴染んでしまった自分にはもはやできない。新鮮にこの世界と出会い、受け止めている姿にわたしは感動しているのかもしれない。

そんな時、その存在と出会えたこと、新しい命がこの世界に来てくれたことにわたしは感謝する。そして、この世界もまたかけがえのないいとおしいものだと感じる。そんなベイビーシアターのすごさをまのあたりにするうちに、自分には無縁なものどころか、これこそ世界に必要なものだと感じるようになった。(世界平和のためにも政治家はみんなベイビーシアターを観るべきだ!)

行政にベイビーシアターの話をしに行くと、「今は虐待の問題が大きく、とてもそんな余裕はない」と言われるらしい。果たして全く関わりのないことだろうか？かつては共同体でいろんな人が関わった子育てが、今の日本では密室で親子ふたり、孤立したワンオペ状況が少なくない。だからこそ、日常生活からちょっと離れたベイビーシアターの世界に足を運ぶことに意味がある。

もちろん日常もかけがえのないものだけれど、おとなたちは毎日忙しい。次々といろんな出来事に対応していかねばならない。そんな日常から少し離れて、ベイビーシアターの世界に身を置いてみる。例えば、生活の中で飲んだり、手を洗っている水を、その役割から切り離して、ただ水として出会ってみる。生活の中では見過ごしているその透明な美しさに気づき、目的もなく触れて、その感触や冷たさを感じて反応できる時間。そして世界と我が子がつながる瞬間に立ち会い、心が動くことは、虐待とは違う方向へ人をいざなうはずだ。

人が集まることの意味についてもずっと考えている。人間にとって「三密」は生きるのに必要なものだ。コロナ下、そんなことをあれこれ考えているうちに、「ベイビーシアターが創りたい」と、わたしはひそかな野望を抱くようになっていた。勇気を出して子どもと文化全国フォーラムの乳児専門委員会の門をたたき、日本ベイビーシアターネットワークにも参加した。ただ今、静かにゆっくりとたくらんでいる。

児演協「神経心理学から学ぶ子どものための舞台芸術」二〇二三年二月ツアー講座を終えて

神経心理学者・特別児童専門ドラマセラピスト・演出家・俳優
ウンソン医療財団神経科学芸術院院長
ジャッキー・E・チャン

三年間のオンライン講座を経て、皆さんと直にお会いして一緒にワークショップをすることになり、本当に幸せで、皆さんから多くのことを学べたことに感謝しています。特に、脳の十二神経と九つの感覚を活用した演技ワークショップは、皆さんも同じように面白かったと言っていただいて、やりがいを感じました。

脳の十二神経と九つの感覚（視覚、聴覚、触覚、嗅覚、味覚と温度、振動、圧力、平衡感覚）を利用した感覚訓練法は、私が演劇を学びながら開発した演技技法です。脳の十二神経と九つの感覚は、私たちの身体が実際の環境と出会う時、使用される道具であるとともに、私たちを取り巻く周辺世界のことを伝えてくれる役割を持っています。よって身体が違えば必ず違う感覚を持つことになります。例えば、犬とミツバチの身体は違います。そうすると同じ環境にあっても犬とミツバチそれぞれの、感覚による周辺世界の捉え方は違うということです。犬の嗅覚神経細胞の数は、人間の嗅覚神経細胞数に比べて四十倍を超えているため、人間より約千倍から一億倍程度嗅覚が鋭敏です。ですから犬にとっては全てが匂いに満ちた世界といえます。目を閉じていても、体の各部分から出る違う匂いでその形態が分かるということなのです。ミツバチは人間と違って各々六千個の個眼と呼ばれる光受容体からなる複眼を二つ持っています。なので一人の人を見る時、まず六千個の各部分を見てからそれらを統合してその人の全容を知るということになります。そのうえミツバチには赤色は認識出来ず、青色と黄色は認識出来て、人間の目では捉えられない紫外線が見え、空の一部分だけを見て太陽の位置を把握することを可能にする偏光解析能力があります。つまり窓をほんの少し開けるだけでも今が午後何時なのかが正確に分かるということなのです。

但し、このように違う感覚で捉えられる世の中の〝様々な物事〟に優劣はありません。ただ単に違う、それだけなのです。ですから私たち人間が、ただ人間の方法で捉えているこの世界だけがただひとつの、本物の世界であると言い切ることもできません。本物か偽物か、またはただひとつなのかそうでないのかという問題ではなく、そういった違いを認められないという姿勢を芸術的な姿勢とは言えないということなのです。
　犬とミツバチというような原理からすると、四十代の大人が捉える周辺環境と、生後五ヶ月の小さな人や八十歳になる方々が捉える周辺環境が、同じものであるとは言えません。今すぐ皆さんのひざ下に二つの目があると思って、周辺世界を見回してみてください。少し前に見た環境と早速違って見えませんか？　今度は瞬きの速度を遅くし、視野を狭めて周囲を感じてみてください。それもまた違う感じがしませんか？　観客もそうなのです。観客の脳はその容量と発達状況、身体的な条件によって違う動きをしています。そのような観客の脳の機能と特徴を正確に把握すれば、演劇の方法が変わります。同じ題目と内容の演劇だとしても、観客の特性に合わせた演劇を作り出すことが出来るでしょう。

　キャラクターの演じ方にも同じことが言えます。役者が演じることになった役のキャラクターが五歳なのか十八歳の青少年なのか、部屋の中に閉じこもりがちな、落ち込んでいる人なのか、または毎日規則的に階段を早足で上り下りする人なのか、そのようなことに合わせて脳の十二神経と九つの感覚に入ってくる感覚のデータは全て違ってきます。その感覚データの受け取り方を逆に利用すれば、演技技法に使用することが出来ます。今回のワークショップはこのような方式で二歳未満の小さな人たちのための演技、青少年の観客と向かい合うための演技、障がいのある観客のための演技、動物をはじめとする特殊なキャラクターを表現することが出来る演技など探求する方式で進行されました。一人で、大きなチームに分けて、二人組（pair）で、様々な形でやってみながら、観客の感覚がどのように変化していくのかを経験することに焦点を置きました。戸惑い悩みながら、それ以上に楽しんでくれた参加者の皆さんの笑い声が今でも耳に残っています。
　使ってこなかった筋肉を使おうとして苦労し、混乱した脳神経と感覚の様々な関係を一日で覚えようと頭の痛かった全ての参加者の皆さんに申し訳ないという思いと共に感謝の言葉をお伝えしたいと思います。本当にありがとうございました。

（翻訳・玉木聡美）

●ＮＰＯ法人日本ウニマ（特定非営利活動法人国際人形劇連盟日本センター）発行「人形劇のひろば」１４１号より転載

いろんな思い・心をゆったり共有

赤ちゃん劇場coucou

人形劇団クラルテ
西村和子

赤ちゃんとの出会いの日の目覚めなぜか良い。どんな出会いになるか予測を立ててみる。保育園の赤ちゃん組と地域の親子の合同か、地域の親子のみかで違ってくる。園の赤ちゃんはいつものお部屋でいつもの仲間と先生といっしょ、一方地域の親子は特別の日としてお母さんと赤ちゃんが初めての場所へ出掛けてくる。どちらの場合でも赤ちゃんと共感したい思いは同じだが　赤ちゃんにとってお母さんという存在はとても大きく強い。お母さんの状態で左右されることも多々ある。お母さんはゆったりとお膝の赤ちゃんと楽しんで共感したい。

上演後の会場で

　私が赤ちゃんと向き合ってみたいと思ったのは、３・４歳の幼児と一緒に「おまけ」として人形劇を見ている赤ちゃんたちの、人形が表現する行動や心への豊かな反応に感動して、この小さい人たちとだけ向かい合い、嬉しい楽しい寂しい不安喜び安心などの様々な気持ち「心」を共感してみたいと思った。

　いま『モンモとバンボはいつもいっしょ』『ポッケのワンピース』二本で三十分を上演している。

　『モンモとバンボ』は小さなモンモとゆったりと受け止めてくれるれ大きなバンボ。二人で遊んだりかくれんぼをしたりモンモが迷子になって心ぼそく不安になって泣き出したところにバンボが現れて、バンボの胸に跳びこむモンモ。だっこだっこぎゅうだっこだっこぎゅう。

　人形は赤ちゃんにとってはとても身近な物、仲間のような愛おしい存在、想いを共鳴し合いながらだっこだっこぎゅうでほっとしてうれしくなる。そしてお母さんと抱っこ抱っこぎゅその場のみんなが幸せなあったかい甘酸っぱい空気にみたされれる。

　『ポッケのワンピース』。ブブノワさんはお母さんにポッケがたくさんあるワンピンピースを作ってもらい、さっそくそれを一人で着て森へ出かけます。りす猫うさぎと出会った友達を次々とポッケに入れていきます。赤ちゃんたちは小さな打楽器の音で登場する動物をだれかな？と期待したり予想したり。それぞれ一番ぴったりのポッケに入っていくのを楽しむ。おしまいにポッケに入るのは絶対無理な大きなクマさんが「ぼくもポッケに入れて」。その意外な展開に大人は笑うが小さい人たちはものすごく心配になってブブノワさんといっしょに困った顔をする。どうしてもポッケに入りたいクマさん。ラスト演者のエプロンの大きなポケットにみんなが納まってみんながホッとして思わず赤ちゃんたちも拍手。その時は本当に嬉しい。

　私と小さい人たちと人形とそしてお母さんと、いろんな気持ち、心をゆったりとゆたかに共有できたとき幸せです。

おわりに

これからのベイビーシアターに向けて

浅野泰昌

コロナ禍は、社会に潜在する課題を顕現させました。ポストコロナにおいては、疲弊した文化芸術環境の改善はもとより、いかなる時代にも通じる普遍的な課題に対しても先送りすることなく取り組まれる必要があります。未来を担うのは今を生きる子どもたちであり、その心身の健やかな成長と、その土台となる保護者や地域への支援は速やかに行われなければなりません。中でも、基本的信頼感に根ざした社会性の根幹を培い、育ちと学びの基盤を形成する乳児に対する支援はとりわけ重要です。これを実現すると同時に、普遍的な課題である文化芸術の振興と、今日的な課題であるコロナ禍からの地域社会の再生を一体的に展開するものとして、ベイビーシアターを中核とした取り組みが考えられます。

ベイビーシアターに集う人々は、乳児だけでなく、必然的に保護者や関係者を包含します。したがって、ベイビーシアターの対象は、乳児を中心としながら、保護者を含め地域コミュニティへと拡がり、多数の市民・国民に対する社会的処方箋となり得ます。すなわち、文化芸術にとどまらず、福祉、教育、地域創生やまちづくり、産業その他の関連分野における総合的な振興をもたらすのです。これは、「文化芸術基本法」に示された、文化芸術よる「心豊かな国民生活及び活力ある社会の実現」に直結します。

一方、日本の保育・教育のあり方を規定する「保育所保育指針」、「幼稚園教育要領」、「幼保連携型認定こども園教育・保育要領」及び各「学習指導要領」が改定・改訂され、二〇一八年四月から施行されています。ここでは、乳幼児期が生涯にわたる人格形成の基礎を培う重要な時期であることが明示され、生涯学習の基盤としての幼児教育と、その基盤としての乳児保育の今日的価値と社会的意義が明確にされています。他方、「文化芸術基本法」においても、文化芸術の創造と享受が、人々の生まれながらの権利であることが示され、全ての人がこれに参加できる環境整備の必要性が明記されました。さらに、文化芸術に関する教育の重要性が示され、その原点として乳幼児期が示されています。乳児期において文化芸術を享受することは、子どもの生涯にわたる文化芸術体験の基盤を形成し、その文化権の保障に繋がるものです。

コロナ禍に関わらず、日本は、著しい少子高齢化、都市部とその他の二極化が進み、地域社会の関係性の希薄化は深刻です。子育て家庭の孤立感や、子育てに対する不安感と負担感は増大しています。さらに、貧困、DV、児童虐待とその世代間連鎖の問題も取り沙汰されています。子ども・子育て支援に関わる課題に社会全体で応える体制構築が課題となる今、社会的排除に抗する社会的包摂の重要性は論を俟ちません。

ベイビーシアターは、乳児と保護者に対して、専門性を有する関係者（文化芸術団体及び関連団体）を接点とした拠り所を創出する側面を併せ持ちます。文化芸術としての機能に加えて、子ども・子育て支援の課題に対する社会的包摂の機能を備え、有用性と即効性の極めて高いものです。これらの諸課題に取り組むために、ベイビーシアターに関わる個人・団体を架橋する組織「一般社団法人日本ベイビーシアターネットワーク」が二〇二一年八月に設置されました。参加者それぞれの専門性を活かし、それらを組み合わせた多面的かつ包括的な事業展開が期待されます。

ベイビーシアターは、乳児を中心とした地域コミュニティのプラットフォームになり得るものであり、文化芸術と福祉を結ぶクロスオーバーです。この取り組みをより確かなものにしていくことは、誰もが文化芸術に親しみ、他者とのつながりを感じるような創造的福祉社会を構築するための社会的処方箋となるでしょう。

２０２２年度全国小学校舞台芸術鑑賞会実施状況調査を終えて

日本児童・青少年演劇劇団協同組合　学校公演普及事業プロジェクト一同

２０２２年度は55・2％が実施──内35％は学年限定
依然大きいコロナの影響

日本児童・青少年演劇劇団協同組合（児演協）では、２０２１年1月から2月にかけ、文化庁委託事業「文化芸術収益力強化事業」《日本のすべての特別支援学校・小学校での舞台芸術鑑賞教室の実施に向けて》において、日本全国の特別支援学校１１５０校と小学校1万９４９０校を対象に、舞台芸術鑑賞教室の実施状況聞き取り調査（前回調査）を行いました。

２０１９年度と２０２０年度の実施状況を聞き取った前回調査には、舞台芸術鑑賞教室への新型コロナウイルス感染症の甚大な影響が如実に表れ、第1期文化芸術推進基本計画の「文化芸術政策に係るその他の主な中長期的課題について」に記された「義務教育期間中の鑑賞活動について、分野・場所・実施主体などの観点から現状を把握すべきではないか。」との課題解決にもつながるものと期待できる内容となりました。

その結果を分析したところ、舞台芸術鑑賞教室の実施率等の全国平均と都道府県庁所在地の平均がかなり近い値を示しました。そこで、児演協では都道府県庁所在地の小学校の調査結果から、全国の傾向を類推できるのではないかと考え、この度、都道府県庁所在地の小学校に絞り、同様の聞き取り調査を行うこととしました。

コロナ禍真っ只中の前回調査から2年を経て、前回調査では次年度の予定として聞いていた２０２１年度と本調査を行った２０２２年度の舞台芸術鑑賞会の実施状況に加え、２０２３年度の実施予定を聞き取りました。コロナ禍において激減した舞台芸術鑑賞会がどの程度回復しているのか、リアルな数字が並びます。

調査内容

本調査では全国47都道府県庁所在地の小学校（３９７７校）の舞台芸術鑑賞会の２０２１・２０２２年度の実施状況と２０２３年度の予定を以下の4問について聞き取りを行いました。

・**舞台芸術鑑賞会の実施の有無と学年限定で実施している場合の鑑賞学年**
・**鑑賞しているジャンル**（複数回答あり）
・**舞台芸術鑑賞会の財源**（複数回答あり）
・**舞台芸術鑑賞会を実施していない場合の理由**

調査結果

Q1 舞台芸術鑑賞会を行っていますか

児童全員、学年限定を問わず、「はい」と回答した学校は２０２１年度１５１３校、38・2％だったところ、２０２２年度は２０１９校、55・2％と増加し、半数以上の学校で実施されています。しかしながら、学年限定での学校が２０２１年度は13・2％、２０２２年度は18・6％と、舞台芸術鑑賞会を実施している学校の35％前後を占めており、在籍しているすべての児童の鑑賞には至っていません。学年限定での鑑賞の場合は6年生の鑑賞が7～8割を占めています。

Q2 鑑賞しているジャンルについて

２０２１、２０２２、２０２３年度ともに、演劇（人形劇、影絵劇も含む）がもっと多く、次いで、音楽、伝統芸能の順となりました。２０２１、２０２２年度は演劇（人形劇、影絵劇を含む）が50％を超え、音楽が35％程度、この二つのジャンルで87％を占めました。音楽鑑賞会も一定程度定着していることをうかがえます。

Q3 舞台芸術鑑賞会の鑑賞料の拠出について

「児童（各家庭）」「自治体（全額）」「その他」が大きな差がなくこの3年間入れ替わりながら上位を占めています。２０２１年度は「その他」、２０２２年度は「自治体（全額）」、２０２３年度は「児童（各家庭）」もっとも多くなりました。なお、「その他」の具体的な内容については、聞き取りの中では「こころの劇場」が大半でした。

「自治体（全額）」は２０２１年度から２０２２年度にかけて1・7倍以上の伸びを示し、割合でも3・9ポイントも増加しました。コロナ禍において、自治体の支援が増加したと考えられます。

「文化庁（巡回公演等）」は２０２１年度、２０２２年度ともに15％で、一定数の学校が申し込み、採択されたことがうかがえます。

Q4 舞台芸術鑑賞会を実施していない理由について

２０２１年度から２０２３年度の予定まで、「コロナの影響で中止」が最も多く、年々その数は減少しているものの、いまだ新型コロナウイルスの影響は大きいことがわかります。

次いで、いずれの年度も「その他」多くなりました。この設問は複数回答を取り入れなかったため、どうしても一つに絞れない場合に複数回答として「その他」を選んだケースが認められました。その中に「予算がない」「授業時間数が確保できない」に「コロナの影響で中止」を加えたケースが多く、「コロナの影響で中止」を排除した場合、「予算がない」「授業時間数が足りない」の順と考えられます。また、「わからない」という回答も実際にある程度あります。その理由に既に何年にもわたって実施していないため、「わからない」を選択している場合が多くありました。

おわりに

２０２２年12月に発表された公益社団法人チャンス・フォー・チルドレンによる調査では、「経済的に厳しい家庭の子どもの約３人に１人が学校外の体験機会が何もない（＝体験の貧困）」という内容が報告されました。子どもの体験格差が顕著化している今、学校における舞台芸術鑑賞会は、すべての子どもたちが等しく文化芸術を鑑賞し、体験することができるまたとない機会です。それは子どもたちの共有体験として、長く記憶の中に残り続けます。舞台芸術鑑賞会は日本独自の素晴らしい文化です。この文化の灯を絶やさぬよう調査結果を活かしていきたいと思います。

＊――より詳しいデータは児演協のホームページに掲載しています。ご参照ください。

劇団訪問　東京

スタジオ・ポラーノ

山根起己
人形劇団ポポロ

●創造の熱気を感じるホールで

劇団所在地、そこは閑静な住宅街の中に位置していた。JR中央線の武蔵小金井駅と東小金井駅のちょうど中間ぐらいに位置する物静かな場所だった。「統一劇場」として創立され、二十五年の活動の後「現代座」となる。その後、NPO現代座として地域に根差す劇場として現在は運営されている。4階建ての建物内には、いくつものスペースが創造の集いを想起させた、その中でも、小ホールと現代座ホールは数多のものづくりがエネルギーを注いできた場所であり、熱の宿る空間を感じさせる。その様な場所の一角にスタジオ・ポラーノのデスクが置かれていた。

訪問当日、グランドピアノが常設された3階の小さなNPO劇場で公演があるらしく、そこを借りた公演劇団の若い男性が受付をセッティングしていた。会場は客席と舞台が空間に幾重もの色を織り交ぜる。そんな空間でどのような熱気を発する舞台が上演されるのだろうか、関心をそそられた。

今回、談話の場所として設けていただいたのは、地下の現代座ホールであった。地下に降りる階段を下ると、あたかも芝居を観に来た観客気分になっている自分と出会う。会場に入り中央に置かれた脚立を目にする。今日の舞台は……。舞台前のスペースに置かれた長机と椅子が、ここに来た目的を思い出させた。

当日、代表の八木澤賢さん、副代表3名（青戸則幸さん、澤藤桂さん、白石里子さん）の4名にご対応いただいた。

現代座会館地下の現代座ホールの舞台。スタジオ・ポラーノの体験する童話劇『銀河鉄道の夜』の装置が配置されていた

●経験豊かなメンバーが結集

ここで主要メンバーの紹介をまずしたい。

劇団代表の八木澤さんは栃木県矢板市出身、

▲代表の八木澤賢さん（中央）

◀青戸則幸さん　体験する童話劇『銀河鉄道の夜』の舞台で

▲澤藤 桂さん

▲白石里子さん　保育園・幼稚園対象のlittle★銀河劇あそびシアター『双子の星～チュンセとポウセの空の大冒険～』の舞台で

劇団東演、USPアカデミー、劇団東京芸術座、演劇集団円、劇団俳優座、新人会、人形劇団かわせみ座、劇団らくりん座、尚美ミュージックカレッジ専門学校などで、俳優や舞台監督、スタッフとして活動する。劇団では、劇団の前身劇団「青果鹿」より演出や舞台監督を主に行っている。これまでに、リクルートエージェントCM「空中ブランコ」篇に出演、アジア児童青少年舞台芸術フェスティバル2018参加、アシテジ世界大会参加、NPO現代座公演『風は故郷へ』演出、シビウ国際演劇祭（ルーマニア）参加など、様々な活動を行っている。

前述した、前身となった劇団「青果鹿」を、中心メンバーとして一緒に旗揚げしたのが澤藤さんであり、2004年第一回上演作品『蔵』が日本劇作家協会新人戯曲賞最終候補、2006年テアトロ新人戯曲賞佳作に選ばれる、この二人を中心にポラーノ立ち上げまで、22作品、176ステージを上演してきた。当初より脚本と演出を手掛けている。執筆した戯曲『密猟者ジョバンニ「銀河鉄道の夜」より』が2018年「日本の劇」（文化庁・日本劇作家協会主催）最終選考4作品（応募数49作品）に選ばれる。

青戸さんは元劇団青い鳥ティアティカル・カンパニーに俳優として所属、2013年に蜷川幸雄演出『盲導犬』に出演するなどのポラーノ設立中心メンバーで、宮沢賢治関連施設や全国の小学校等で公演を行ってきた。白石さんは、劇団「青果鹿」の初期より所属、これまでの全作品に出演もしくは制作として携わっている。

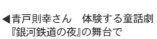

それぞれが素晴らしい経歴を持ち、「体験の格差を解消し、多くの人々が様々な文化芸術を、分野に囚われることなく感受できる環境作りをすること」をミッションに掲げ、そのための最初の段階として「演劇を通して子どもの力を育む事業」を展開している。エンターテイメントなども含めた文化芸術に触れる機会が少ない地域の子どもたちに、演劇に触れる機会を提供することで、子どもたちのあらゆる力を育む一助としたいとの思いが活動の原動力になっているという。

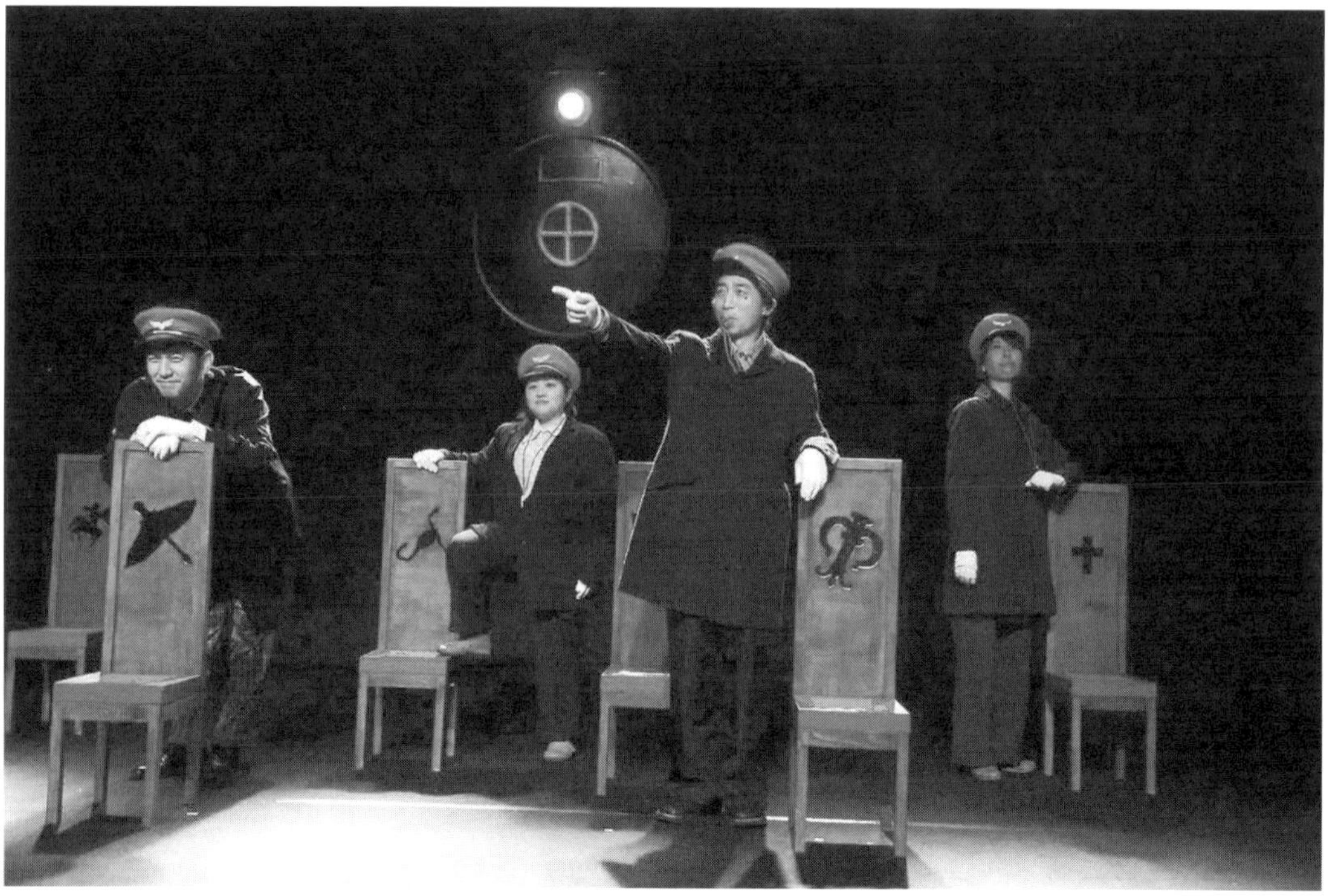
体験する童話劇『銀河鉄道の夜』 脚色＝澤藤 桂、演出＝八木澤 賢、作曲・編曲＝阿部朋子

●賢治作品で体験型公演

現在、ポラーノは宮沢賢治の作品を、岩手県内で宮沢賢治の関係施設などでの公演のほか、全国の小学校を巡回している。

体験する童話劇『銀河鉄道の夜』子どもたちの出演するシーン【上】

上演を終えた子どもたちと記念撮影

体験する童話劇『注文の多い料理店』 脚色＝澤藤 桂、演出＝八木澤 賢、作曲・編曲＝阿部朋子

今後の目標としては、普段舞台芸術に触れる機会の少ない僻地公演の拡充や体験型公を推進していきたいと話していた。僻地公演には、常に経済的な問題が付き纏う。行政などからの補助・助成があれば叶うのだが……。

コロナ禍では、全国規模で文化庁の事業が行われ、かなり採算の合わない僻地の公演も国が費用を賄うことで実施できていた。しかし、新型コロナが形骸化されると一気に公演校数枠も減り、享受できない子どもたちが増えている。そんな状況の中でも、感受できる環境をつくりたいという思いの強さが感じられた。

ポラーノとは、宮沢賢治の長編小説「ポラーノの広場」から付けられたと聞いた。

いま取り組んでいるのは、『銀河鉄道の夜』で子どもたちが本番の舞台で俳優と一緒に演じることが出来る体験プログラム〈体験する童話劇〉を実践している。そのほか、『注文の多い料理店』『どんぐりと山猫』『オツベルと象』でも同様に〈体験する童話劇〉が可能という力の入れようであった。また特徴的なところでは、宮沢賢治が童話の中で書いた沢山の挿入歌がある。それを実際にアレンジを施し劇中に盛り込むことで、世界観を広げているのが音楽担当の阿部明子さんであり、ポラーノの作品の作曲・編曲・演奏を手掛け、子どもたちの文化体験をより充実させている。

私が訪れた現代座会館でポラーノが生み育てた作品は、日常では感受できない子どもたちに豊かな文化芸術体験として届くことで、その役割を果たしていくように感じた。

経験豊かで優れた人材が一堂に会し、今後どのように活動していくのか興味関心が尽きない。また熱い志を胸に、舞台創造を続ける人々と出会ったことで、私自身も今回の訪問がとてもいい刺激になった。

●スタジオ・ポラーノ

〒184-0003

東京都小金井市緑町5-13-24 現代座会館内

TEL 042-382-0150

FAX 042-382-0150

http://polano.net

E-Mail info@polano.net

●インタビュー

自分史としての児童・青少年演劇 26

東京ミュージカルアンサンブル 木俣貞雄さんに聞く

聞き手・構成――石坂慎二 (公社)日本児童青少年演劇協会

東京ミュージカルアンサンブル『さんしょう太夫』の舞台で

脚本・演出を手がけ、自ら演じた二人芝居『さんしょう太夫』で高い評価を得た木俣貞雄さん。卆寿を前に、東京ミュージカルアンサンブルの結成に到るまでの若き日々からの舞台との関わりを語っていただいた。

■祖母のおかげ?で毎日「渋谷演芸場」へ

――木俣さんは、都心の渋谷に近い広尾の生まれ。小さい頃はどういうお子さんでしたか?

木俣　家族は祖母が2人、両親、そして兄1人・姉3人・妹が1人の6人兄姉妹です。父親は米屋、商売熱心で米屋以外にいろんな事業に手を出していましたが、私が7歳の時に亡くなっているので、父親の記憶がありません。

ただ鮮明に覚えているのは、5歳くらいの頃、父親に渋谷のカフェに連れていってもらい、きれいな女給さんに「可愛い坊や、カエルが鳴くから帰りましょ」と、歌うような口調でカフェの出入り口まで見送られたこと。

――確か、おばあ様に、渋谷まで芝居を観によく連れて行ってもらった、という話を聞いたことがあります。

木俣　祖母が2人、祖母を〝ばーちゃん〟、〝ばーちゃん〟の母親の祖母を私たちは〝じわくちゃばーちゃん〟と呼んでいました。

〝じわくちゃばーちゃん〟はお芝居が大好きで、毎日、家の近くにあった「渋谷演芸場」に通っていました。ご贔屓は大衆剣劇一座の「梅沢劇団」。

ある日、事件が起きました。剣劇ですから竹光を振り回します。その竹光が飛んできて、〝じわくちゃばーちゃん〟の眉間を直撃したのです。さあ大変！血が吹きこぼれ「幕だ！幕だ！」で芝居は中止。〝じわくちゃばーちゃん〟は楽屋に運ばれました。

警察の現場検証もあり、そんな騒ぎの中、付き添い？の私が見たのは〝楽屋〟の様子。少年の目には、きらびやかな舞台の下の不思議な〝世界〟が映る。裸電球に、白塗り女優さんの、もろ肌と襟足……。〝じわくちゃばーちゃん〟は、額を6針縫いましたが、もともとが〝じわくちゃ〟抜糸後も傷跡は全く目立ちませんでした。

この日のおかげ？で、〝じわくちゃばーちゃん〟と私は「渋谷演芸場」は木戸御免（つまり無料）。二人は毎日のように芝居を観られるようになったのです。

――〝じわくちゃばーちゃん〟には申しわけないのですが、めでたしめでたし！という感じですね。

■学童疎開と先生方の変容ぶり

――小学生時代は、どうでした？

木俣　やはり「学童疎開」です。空襲がひどくなって、早急に学童の集団疎開が実施されることになりました。この世代の少年たちの多くは経験していることです。

私が通学していたのは常盤松国民学校。3年生から6年生の182人は、富山県東砺波郡城端町の東本願寺別院に疎開しました。1944年9月4日夜渋谷駅発、翌日の午前中に城端駅着、城端町のお年寄りたちが、合掌して迎えてくれました。

幸いに疎開も翌年10月に終わり、解放の喜びで別院の山門を出る時、3月の東京大空襲で帰る家を失った3人の寂しそうな眼は、今でも心に残っています。後の話によると、3人は孤児院に入ったとのこと。子ども心にも戦争の無惨さを痛感したものです。

――悲惨な話ですね。

木俣　それからです。疎開先から渋谷に戻って驚きました。あたりは焼け野原、はるか彼方に我が母校の常盤松国民学校のコンクリートつくりの建物だけが見えるのです。帰った我が家の水道の蛇口から水がポトポトと流れ、すぐ傍にトタン屋根のバラックつくりの我が家。それでも、夜、トタン屋根の間から満天の星が見られるという不思議な環境でした。

――木俣さんの家も燃えたのですね。

木俣貞雄さん 略歴［きまた・さだお］

- 1933年　東京・渋谷区広尾生まれ
- 1952年　舞台芸術学院、松山バレエ研究所に入る。以後、舞芸座、松山バレエ団に所属。松山バレエ団ではソリストとして活躍
- 1957年　松山バレエ団『バフチサライの泉』（土方与志演出）司令官ヌラリ役
- 1958年　舞芸座『ベニスの商人』（土方与志演出）バッサーニオ役。新劇に初出演
- 1959年　＜土方与志追悼公演＞舞芸座『ロミオとジュリエット』（山川幸世・瓜生正美演出）ロミオ役。三島雅夫の演技指導を受ける
- 1961年　松山バレエ団『オセロ』（松山樹子演出）イヤゴー役
- 1961年　劇団東少（松島トモ子主演）『シンデレラ』（相羽源次郎演出）王子役
- 1971年　労音会館地下で、ミュージカル専門プレイヤー育成のためのミュージカル教室をたちあげ、東京ミュージカルアンサンブルと呼称。
- 1976年　東京ミュージカルアンサンブルを創設、代表に就任。『石になったかりうど』『歌泥棒と魔法の笛』『シャムとダラ』
- 1995年　『さんしょう太夫』制作
- 2004年　韓国＜アジア児童青少年演劇祭2004＞に出演、高い評価を得る
- 2013年　＜日本児童青少年演劇協会賞＞受賞
- 2014年　（公社）日本児童青少年演劇協会「木俣貞雄さんのボイストレーニング」講座開始（現在継続中）
- 2020年　文化庁長官表彰
- 2022年　「一般社団法人東京ミュージカルアンサンブル」に名称変更

木俣　私の大好きな渋谷も大混乱。闇物資を売りさばく闇市の賑わい。ヤクザ等のピストルの撃ち合いも目にしました。

―― 渋谷も大変だったのですね。

木俣　学校で、まず驚いたのはいつもビンタ喰らわせたあの軍国先生たちでした。その先生方の変容ぶり。優しく接してくれて、教科書の墨塗り指導。今までの教科書は何だったんだ、と猜疑心の強い私が生まれました。

―― 先生方の変容ぶりは、よく聞きます。

■高校は野球部、おかげで学力低下？

―― そして、中学生・高校生時代はどういう少年でしたか。

木俣　中学は赤坂にある日大三中。入学式の帰り、母親に有楽町の「邦楽座」で、大スターの片岡千恵蔵の『一本刀土俵入り』を観せてもらいました。好きなセリフは「これがしげねい駒形茂平の一本刀の土俵入りでござんす」。

母親と芝居を観たのは、後にも先にもこの時だけ。母親はいつも着物で、洋服姿は記憶にありません。毎日線香をあげる仏壇の写真も、もちろん着物姿です。

高校では、老舗の野球部に入りました。赤坂という土地柄（色街なので）、野球グランドはなし。野球部全員、午後の授業は免除。郊外の杉並区の久我山グランドに出かける毎日。学力低下は必至で先生も嘆くありさま。学力低下は今日まで、そのツケがまわっています。

松山バレエ研究所で（1954年）

■実演は何でも、映画に夢中に

―― さて、いよいよ演劇・バレエとの本格的な出会いです。１９５２年に舞台芸術学院、松山バレエ研究所に入られた経緯（いきさつ）等を。

木俣　戦後、芝居好きな私も、芝居（実演）を観る機会はありませんでした。実演となれば、何処へでも行きましたね。当時新橋にあった飛行館ホール、ここは映画終了後、実演があったのです。太ももを上げてのラインダンス、少年の心を揺さぶりましたね。

また、渋谷から地下鉄で浅草へ。松竹演芸場から、ストリップのロック座まで。ロック座の入り口で、婦人警官から「ここは子どもの来る所ではない」と補導されたのも良い？思い出です。

少年の心を満たしてくれたのは、それは映画です。学校をサボってよく行きました。新宿「伊勢丹」の前にあった「帝都名画座」、ここは3日毎に作品が変わり、3日毎に通いました。ところで、そのお金はどうしたんでしょうね。

イタリア映画『自転者泥棒』、ジャン・ルイ・バローの『天井桟敷』、等々。

そんな環境を経て私は、南青山の松山バレエ研究所、池袋の舞台芸術学院の門を叩くことになります。

■ヤグジン氏から踊りの指導を受ける

―― 舞芸座、松山バレエ団に所属されます。特に松山バレエ団ではソリストとして活躍されます。

木俣　まず、松山バレエ団『バフチサライの泉』から。

１９５７年、ソ連（当時）からボリショイバレエ団が来日公演、約35演目が上演されたそうです。私が最も印象に残ったのは、ヤグジンの『パルキール狩人の踊り』でした。ヤグジンは手に弓を持って、その弓を超えていく〃

ジャンプ〃力には衝撃を受けました。時間にして約20秒、終わりのポーズが決まると、観客は「ブラボー!」の連呼。アンコールに応え、また踊る、そして「ブラボー!」の連呼。

そのヤグジン氏と芸術監督のザハーロフ氏が松山バレエ団を訪れてくれて、『バフチサライの泉』のご指導をいただきました。『バフチサライの泉』のもとはボリショイバレエ団の作品で、ザハーロフ氏の演出・振付。ですから、ダイレクトに指導を受けたことになり、とてもラッキーでした。

また私の役は、司令官の「ヌラリ」役。この役はヤグジン氏の持ち役でしたので、手取り足取り指導いただきました。私はソロを踊り、ヤグジン氏に教わった「ヌラリ」をジャンプいっぱいに踊りました。この年、松山バレエ団『バフチサライの泉』は文部大臣奨励賞を受賞しました。

松山バレエ団『バフチサライ』司令官ヌラリ役（1957年）

続いて、松山バレエ団『オセロ』。私はイヤゴー役。私の人生の中で、最も深い思い出の一つ。この作品で、バレエの中での演劇的表現法を学びました。

この時、28歳。作品は好評で、労音で約3年巡演。31歳で肉体的限界を感じ、バレエ現役を引退しました。

■土方与志先生とメイエルホリド

―― そして、舞芸座での活動は?

木俣 1958年3月から約2ヶ月間、土方与志団長で、松山バレエ団訪中公演を行いました。2ヶ月間、土方先生と寝食を共にできたことはかけがえのない経験でした。

奥様の土方梅子先生から、与志先生の飲酒のセーブ役を仰せつかったのですが、与志先生の講話が優先して、お役に立てずじまいでした。与志先生は酔うと饒舌になり「君ネ、役者はネ、歌も踊りも専門的に出来なければダメだ」、先生はディレタンデイズム(素人芸)を嫌っていらっしゃいました。

また、先生は〝ロシア演劇・現代演劇における最高峰の一人〟といわれるメイエルホリドについても、よく話してくださった。3年前に青年劇場「スタジオ結」で、ロシア・オムスク国立第五劇場のメイエルホリド台本・構成『33回の失神』を観ましたが、そのエンターテイメント性と芸術性を併せ持った作風は、土方先生のお話にピッタリだと確認できました。

■演劇の初舞台『ベニスの商人』バッサーニオ

―― 演劇の初舞台、舞芸座『ベニスの商人』バッサーニオ役に挑まれます。

木俣 中国公演から帰り、1958年6月、神田の一橋講堂で私の演劇の初舞台である、土方与志演出『ベニスの商人』で、バッサーニオ役でした。法廷の場で、ポーシャ姫が結婚指輪をバッサーニオに要求する、躊躇するバッサーニオ、立ち去ろうとするポーシャ姫に「お待ちください!」とバッサーニオが懇願する場面があります。土方先生は私に「木俣! 手を前に差し出し、床に膝をつけ5歩、そのままの恰好で歩け!」と指示。二枚目のバッサーニオが? と思いましたが、私のその演技に観客の高校生たちが大爆笑。これが、メイエルホリドの表現法(デフォルメ)の一つかと認識し直しました。

■三島雅夫さんの演技指導を受ける

――1959年に、〈土方与志追悼公演〉『ロミオとジュリエット』に出演されていますね。三島雅夫さんの演技指導を受けられたとか。

木俣　土方与志先生の演劇葬が俳優座劇場で行われました。1952年から舞台芸術学院で教わり、1958年の松山バレエ団訪中公演までの6年間、特に中国公演での2か月間に先生と寝食を共に出来たことは、私にとって本当に幸運でした。

〈土方与志演劇葬〉は、秋田雨雀先生の弔辞から始まり、山田耕筰さんのお別れの言葉「与志ちゃん！　君はまだまだやりたいことが沢山あったはず、残念だ」には、号泣してしまいました。

〈追悼公演〉のスタッフには、演出・山川幸世／瓜生正美、演技指導・三島雅夫、美術・松下朗、音楽・いずみたく、衣裳・土方梅子、とあります。

演劇経験のまだまだ未熟な私はロミオ役。演出の瓜生正美さんは、演技指導を俳優座のスターである三島雅夫さんに依頼。三島さんは、私だけではなく劇団全体の演技指導をしていただいたと思います。

左から土方与志、6人目は松山樹子、右端が木俣（1958年）

<土方与志劇団葬>で弔辞を読む秋田雨雀、マイクをかざす木俣（1959年）

三島さんには、ロミオの内面を懇切丁寧にご指導いただきました。

余談ですが、代々木病院に入院されていた土方梅子さんを見舞った時、「木俣さん、あの三島雅夫さんも40歳過ぎてから良い役者になったのよ」と、当時27歳であった私に、いたわりの言葉をいただいたことも忘れられません。

<土方与志追悼公演>『ロミオとジュリエット』ロミオ役

■劇団東少のミュージカル作品にも

――劇団東少の、松島トモ子主演のミュージカル『シンデレラ』の王子役もありました。

木俣　劇団東少代表の相羽源次郎さんは、当時では珍しいプロデュース劇団で、独自のキャスティング作品を創出していました。「ロミオ」役の私を観たのでしょう、松島トモ子主演のミュージカル『シンデレラ』の王子役を、お願いしてきました。

子役スターであった松島トモ子さんと、次作品『あしながおじさん』でも共演できたこと、相羽さんには感謝しています。

■ミュージカル教室を立ち上げるも

――1971年に水道橋の労音会館で、ミュージカル専門プレイヤー育成のためのミュージカル教室を立ち上げます。

劇団東少『あしながおじさん』(相羽源次郎演出)王子役(1961年)

木俣　1967年、労音ミュージカル『青春の歯車』(早乙女勝元原作/山本薩男演出/すぎやまこういち音楽)を創りました。作品の評判もよく、かなり長い間、労音例会で公演していました。

私は公演の責任者で、次作品のために対応出来るプレイヤー育成のための教室を、1971年に労音会館の地下をお借りして、ミュージカル教室を立ち上げました。

カリキュラムも歌、ダンスとかなりしっかりしたものでした。歌・踊り・芝居ができる俳優を育てる作業は時間と労力がかかるのは当たり前ですが、応募者も少なく、2年で終了しました。

■当初は苦労するも、出発!

――いよいよ、1976年に東京ミュージカル・アンサンブルの創設です。

木俣　1975年の創設準備時を思い出すのはムツカシイのですが……。

手持ちの俳優もなく、私個人に俳優経験があっても、劇団としての組織・体制をどう作っていくかは未経験。

劇団の公演を観まくり、演劇情報誌『ぴあ』に広告を出し、ようやくオーディションまでこぎつけ、最初の作品『石になったかりうど』の8人のメンバーを揃えました。それからが大変、バレエや声楽のレッスン、約1年間かけての1976年の出発でした。

――『石になったかりうど』『歌泥棒と魔法の笛』『シャムとダラ』等を創られました。結構、公演が入ったでしょう。

木俣　最初の作品『石になったかりうど』(赤木三郎脚本/木俣貞雄演出・振付)は、感動的な作品に仕上がりました。『歌泥棒と魔法の笛』(赤木三郎脚本/木俣貞雄演出・振付/あかのたちお音楽)は、ソプラノ・アルト・ベースの3本のリコーダーが協力して、大魔王を滅ぼすというミュージカル。これも好評でした。『シャムとダラ』(木俣貞雄作・演出・振付)は、自然の大切さを謳った作品。

この3作品は、1976年〜1995年の間に、2164カ所、3357ステージ上演しました。

■いよいよ『さんしょう太夫』に

――1995年、『さんしょう太夫』(木俣貞雄作・演出)を創られました。佳い作品を創られましたね。

木俣　1992年、宮崎県の日向市の子ども劇場での公演終了後、ピアニストの矢原幸江、ベテラン女優の緒方真弓の3人で、3年後には新作を創ることを決めました。

今までの作品は、全て創作作品で、内容を深める作業で苦労しましたので、次作品は既成の物語から選ぶことにしました。それは誰もが知っているものがたり〈安寿とづし王〉でした。

参考資料として、講談社の『絵本』、森鷗外の『小説』、溝口健二の映画、前進座の作品等。さらに三味線を弾き、唄を謡いながら銭を乞う盲目の女性の〈ごぜ〉。門付で〈ごぜ〉に金を払ったのは、それはやはり大衆が感動したからでしょう。

――〈安寿とづし王〉には、いろいろありますからね。

木俣　さらに、岩波書店『鷗外歴史文学集』、平凡社選書『続さんせう太夫』（説経浄瑠璃の世界）、新潮日本古典集成『説経節』（宮本弥太郎校注）等も参考文献として読みました。なんといってもラッキーだったのは、説経節を語る最後の公演を観れたことでした。

■人形を遣うことでより迫力が

木俣　2人の演者で物語を進める作業は、困難な作業というよりはむしろ面白い作業でしたね。この作業のおかげで、私個人としても独自の表現方法を確立できた、と思っています。

例えば、さんしょう太夫と安寿とづし王が対峙する時は、舞台上では3人の芝居、それは役者1人と人形2体を遣いました。また、役者では表現しにくい場面、人形をいたぶることで、残酷な場面は却って迫力ある場面を創ることができました。

緊張の中にもホットする場面を創るために、ト書きの部分部分では、役者の語り口とは違った、古い芸能であるチョボクレ（小さい拍子木を打ち合わせ、節をつけて早口で謡う）も取り入れました。

――公演数も多かったでしょうね。

木俣　北海道伊達から、沖縄まで、そして韓国公演と、１１０カ所、１３２ステージ上演出来ました。

■絶賛された韓国公演

――２００４年には、韓国公演に行っています。故内木文英会長（公社・日本児童青少年演劇協会）も絶賛していました。

木俣　これは、アシテジ韓国センター（雨玉会長）が「アジア児童青少年演劇ソウル２００４」を開催するため、アジア諸国の作品を公募、日本からは10劇団12作品が応募、ビデオ審査で『さんしょう太夫』が日本代表として選ばれました。

――韓国の『演劇誌』でも絶賛されましたね。

木俣　例えば、演劇評論家の金美都さんは「今回のフェスティバルでは最も破格的な作品であった」「深刻で思い内容であったが、ベテランの2人の俳優が変身に変身を重ねる展開は、演劇的で興味津々であった」「児童劇で禁忌視される内容と表現を思い切って果敢に導入したことが大きな意味を持つ」と書いてくれています。

――韓国は演劇に対して観方が非常に厳しい国。優れた俳優も多く、優れた作品がたくさんありますからね。

木俣　尹朝炳先生（演劇評論家）にも「舞台、衣裳、演技とも優れた作品であった」と、書いていただきました。

■一般社団法人として、再出発

――2年前に、東京ミュージカル・アンサンブルは「一般社団法人」として再出発しています。前人形劇団ひとみ座の制作の半谷邦雄さんに禅譲される形で。

木俣　〈りっかりっか＊フェスタ（国際児童・青少年演劇フェスティバル）〉の芸術監督の下山久さんから、『さんしょう太夫』を上演してくれませんか」という依頼がありました。下山さんは２０１６年の代々木のオリンピックセンターでの公演を観てくれていたんですね。「とても素晴らしく、海外からの参加者にも、是非観せたい」との要請でした。

それで、２０２２年の1月に〈りっかりっか＊フェスタ〉で公演を行いました。下山さんから「税金で公演するので、法人格を取ってくれないか」と言われ、半谷邦雄さんにお願いして「一般社団法人東京ミュージカルアンサンブル」に名称変更してもらいました。

■「あせらず待つしかないでしょう」

―― 木俣さんは、良い？時代に劇団を立ち上げられたと思います。

木俣 集団疎開から帰った１９４６年、最も悩まされたのは、人の血を吸う虱（シラミ）でした。虱駆除のための大量のＤＤＴを頭から散布。戦後も78年、戦争の悲惨さを経験した我が世代には、つくづく平和のありがたさを感じています。

一般社団法人化の前の劇団は、１９７５年から２０１６年まで41年間、たっぷり活動出来ました。そんな意味でも確かに良い時代でした。

私自身、間もなく90歳。妻（矢原幸江）を見送ってから27年。30年間も一緒に俳優として協力してくれた女優（緒方真弓）も亡くなりました。「生老病死」、死ぬ準備もこれからの〝仕事〟の一つです。

（一社）東京ミュージカルアンサンブル『さんしょう太夫』（脚本・演出＝木俣貞雄）
出演は当銘由亮、比嘉千咲（2022年／りっかりっか＊フェスタで）

「ボイス（声・歌）」を鍛え、コンサートにも出演

―― 今は、コロナ禍もあり日本の児童青少年演劇の劇団は疲弊しています。最後にそういった劇団にエールを送ってやってくれませんか。

木俣 私の好きなフレーズ「待てば海路の日和あり」を贈ります。今、思うように行かなくても、じっと待っていれば、そのうちチャンスが必ずめぐってくるはず。だから辛抱強くあせらず待つしかないでしょう。

■「ボイストレーニング講座」に感謝！

―― 最後に。公益社団法人日本児童青少年演劇協会では、２０１４年から毎年１・２・3月の土曜日に3日間（3回）、「木俣貞雄さんのボイストレーニング講座」を開いています。木俣さんは長年にわたり東京藝術大学の先生から〈ボイストレーニング〉を受講。10年間にわたり「木俣貞雄さんのボイストレーニング講座」に参加された方々はいまや〝代講〟を務められるくらい成長しています。感謝！しかありません。

連載

脳科学者・塚田稔氏に聞く

演劇活動と脳科学 3・最終回

演劇活動（表現と鑑賞）は子どもたちの脳の発達を促せるのか？

聞き手＝森田勝也 （公社）日本児童青少年演劇協会

▼ＩＴの発達と子どもたちの想像力

■遊び・想像力・思考力

森田　人類が地球上のあらゆる生物から抜きんでて進化できた原因は想像力ではないかと私は思っています。明日を想像し、「あったら良いな」と思うものを想像し、形象化してきた積み重ねの歴史が現在の人類の繁栄を築いてきたように思うのです。他の生物にはない能力です。その意味でも想像力が社会性を育み、創造の原点と言っても過言ではないでしょう。いわば、文明も文化芸術も想像力のなせる業なのです。見えないものを見る想像力あったからこそ人類の進化があったのだと思います。

先日、上野の都美術館で先生に企画していただいた「芸術脳」のシンポジウムでお見せした「見えないなわとび」を覚えていらっしゃるでしょうか。他愛ない子どもたちの遊びですが、縄がないのにみんなで大縄跳びを跳んで遊ぶという演劇ワークショップの一つのエチュードです。二人が見えない縄を回し、それを跳ぶ。見る者も跳べたか、跳べなかったかがわかってしまう。想像力がなければできない遊びです。この遊びは人間でなければできない遊びでしょう。人間を模倣したアンドロイドでもまだ跳べません。ＩＴ機器が進化しても見えないものを見ることはできないと思います。

今、明日を想像し、将来を創造する力をもつのは人間だけなのです。時として想像力が危険な妄想になる可能性もありますが、多様な体験と見聞で得た知識によって是正される機能も脳にはあるのだと思います。それは前号で書かれている塚田先生が発見された「時空間学習則」――揺らぎを学習するダイナミック学習ルールに則って的確に発達していくのでしょう。

私は教育畑出身で長い間、子どもたちと接する機会が多かったのですが、退職近くになってから気になり始めたことがありました。教育相談や進路相談時に個人面談があり、子どもたちに将来の夢や希望について聞くのですが、その答えに変容が出てきたことです。「別に……特に考えたことはありません」「お金持ちになりたい」「スポーツ選手かな？」「ユーチューバー」等々、単語が発せられるだけで膨らみがないのです。「どうして？」とさらに聞くと「あまり考えてない」と言葉を詰まらせます。実際それ以上の想像力が働いていないことは子どもたちの表情から見て取れます。

想像する力は、家庭や地域や社会の環境の、多様で雑多な刺激を受けて育ちますが、人間関係から受ける刺激が最も重要で、良きにつけ悪しきにつけ意味のある刺激になるように思います。特に子どもたちは「人から学ぶ」ことが多いように思います。

美術や音楽は個の活動が主となりますが、演劇は他の人たちと関わりながらの活動になります。演劇的活動のなかで子どもたちは、予測できない言葉や行動が身に降りかかり、どう対応したら良いのか途方にくれながら、脳をフルに活動しながら対処していかなければなりません。塚田先生の言葉で言うと子どもたちとっては強烈なダイナミックな揺らぎの学習の場となっているのだと思います。演劇も生の舞台を通して観客を想像の世界へと誘います。音楽や美術も方法こそ違っても同じ見えない世界を想像力で見るのだと思います。それは人間であるための原点であり、もっとも崇高で価値ある活動だと思うのです。豊かな体験がその想像力の原点が「あそび」にあると私は思うのです。子どもの遊びは想像力を刺激し、体験を広げ、価値観を多様にし、膨らませるのです。

実は思考力も、想像力によって後押しされるもののような気がします。想像力がなければ考えも進まないし、深化していかないように思うのです。特に抽象的な思考には想像力が必須です。多様な場で身についた知識を駆使し、想像力を膨らませながら思考し、それを深めていくことで自己実現に努力できる環境をつくっていくのが、私たち大人の責任だと思います。知識を得ることもとても大切ですが、知識は活用できてこそ活きた知識と言えるのだと思います。テストのためとか、受験のためだけの知識ではないと思うのです。

「演劇活動と脳科学」のシリーズも三回となり、まずはここで一つのまとめとしたいと思っています。子どもたちの演劇活動である表現と鑑賞の活動が脳にどんな刺激をあたえ、どんな役割を果たすことができるのか。想像力を培うための有益な活動を視点として、大切なポイントを脳の働きからまとめてお話いただければ私たちの活動の理論的な裏付けになり心強いです。

特に今号では、ITの発達により、結局、人間が作ったはずの科学的産物と人間とが対決しなければならない時代なのか。現在の私たちはその科学とどう対峙すべきなのか。急速にITが学校に子どもたちの生活環境に入ってきている状況から脳の働きと生成AIなどITの及ぼす関係についてお話しいただければと思います。

塚田　稔氏　プロフィール
玉川大学脳科学研究所特別研究員、玉川大学名誉教授、工学博士、医学博士、画家。
一九四一年長野県松本市に生まれる。
『芸術脳の科学』（講談社ブルーバックス）、『脳の創造とARTとAI』（OROCO　PLANNING）などの著書がある。

▼生成AIとはどういうものか？

■世界中で注目集める生成AI

塚田　最近、生成AIという人工知能が世界中の話題となり、イギリスで開かれていたAI＝人工知能の安全な活用に関する初の国際会議「AI安全サミット」（2023年）が10月2日閉幕し、企業が新たに開発するAIの安全性について、アメリカとイギリスに設立される研究機関で事前に検証することなどで合意されたニュースは世界を駆け巡っています。なぜ、これほどまで問題になるのでしょうか？

それは、AIが私たち人間より賢くなった場合に、人間を支配できる可能性があるからです。中には、AIに達成すべき目標を与えるのは常に人間側なので、そうしたことは起きないという人もいます。しかし、AIが、私たちが意図していない目標を自分で勝手に作ってしまうことが可能であるからです。また、AI技術が進めば、AIが作った文章のほうが断然早く、かつ、うまいと評価されるかもしれない。それでも「AIには感情がない。人間が書く価値はまだあるはずだ」と考える人もいます。

■AI的インスピレーションと人間の創造性

塚田　それでは、生成AIとはどのようなものなのでしょうか？

生成AIとは、自動的にデータを生成する能力を持つ人工知能の一種です。学習データからパターンやルールを学習し、それに基づいて精度の高いオリジナルのコンテンツを生成します。例えば、文章を生成する場合、生成AIは学習データから文章のパターンや構造を学び、それに基づいて新しい文章を生成することができます。

その仕組みはどのようになっているのでしょうか？

生成AIの仕組みは、主にディープラーニングの技術に基づいています。ディープラーニングは、多層のニューラルネットワーク（脳の神経細胞の特徴を持つ人工回路網）で基本特性は多数決素子（民主主義の議会決議に似ていますが重要度に応じて重み付けが変化する学習可能な素子）です。この回路網は膨大な量の学習データからパターンやルールを学ぶことができます。通常、ニューラルネットワークは入力層、中間層、出力層の三つの層で構成されていますが、ディープラーニングでは、これにさらに多くの中間層を追加することができます。そのため、より高度な特徴やパターンを学習することが可能です。

したがって、生成AIは、クリエイティブな分野で革新的な役割を果たしています。音楽や絵画、映画の脚本など、さまざまな領域で新たなアイデアや創造性を提供することができます。

音楽では既存の楽曲からAI的インスピレーション（機械学習や統計最適化の技術）を得て、新しいメロディやリズムを作り出すことができます。また、異なるジャンルの音楽要素を組み合わせることで、独自のサウンドを生み出すことも可能です。映画の脚本においても、生成AIは驚くべき能力を発揮しています。映画のジャンルやテーマを学習し、新たなストーリーを創り出します。

このように、人間のアーティストやクリエイターは、生成AIが提供するアイデアや創造性を受け取り、それを自身の表現に取り入れ、容易に新たな視点やアプローチが生まれ、クリエイティブな成果物が生み出されるのです。このように考えてくると、生成AIの脅威が理解できます。それは、人間の最大の武器である創造性機能への侵略行為に他ならないからです。この人間の創造性の機能をAIが超えた時点で人間はAIの奴隷になってしまいます。したがって、今からAIの可能性についてどのような制御が人間側からできるのかを考えておくのがイギリスで開かれた国際会議「AI安全サミット」と言えるでしょう。

現在のAI技術はどの程度の創造性のレベルにあるのかを考えてみることにしましょう。それために、人間の創造性のレベルについて調べ、現在のAIと比較することにしましょう。

▼人間の創造性とはどういうものか？

■「未来の記憶」が大きい人間の脳

塚田　人間で初めに大切なことは、自然界に適応して生存するために自分の脳内に自然界に相当するモデルを作ることです。それを〝**外界の脳内モデル**〟と呼びましょう。我々が行動を計画するとき、この〝外界の脳内モデル〟を用いてこれから起こることを予想し、それによって行動を決定しています。もしその行動の結果が適切でなければ、脳内モデルを修正するというダイナミックな操作を繰り返しているのです。人間が霊長類の最高の座に存在している理由を考えてみると、それは、新しい知識を創造する能力（機能）がきわめて優れているからであります。チンパンジーとの違いを考えてみると参考になります。その一つに芸大出身の斎藤亜矢研究者が3歳児の子どもとチンパンジーに描かせたデッサンの比較があります（図1参照）。

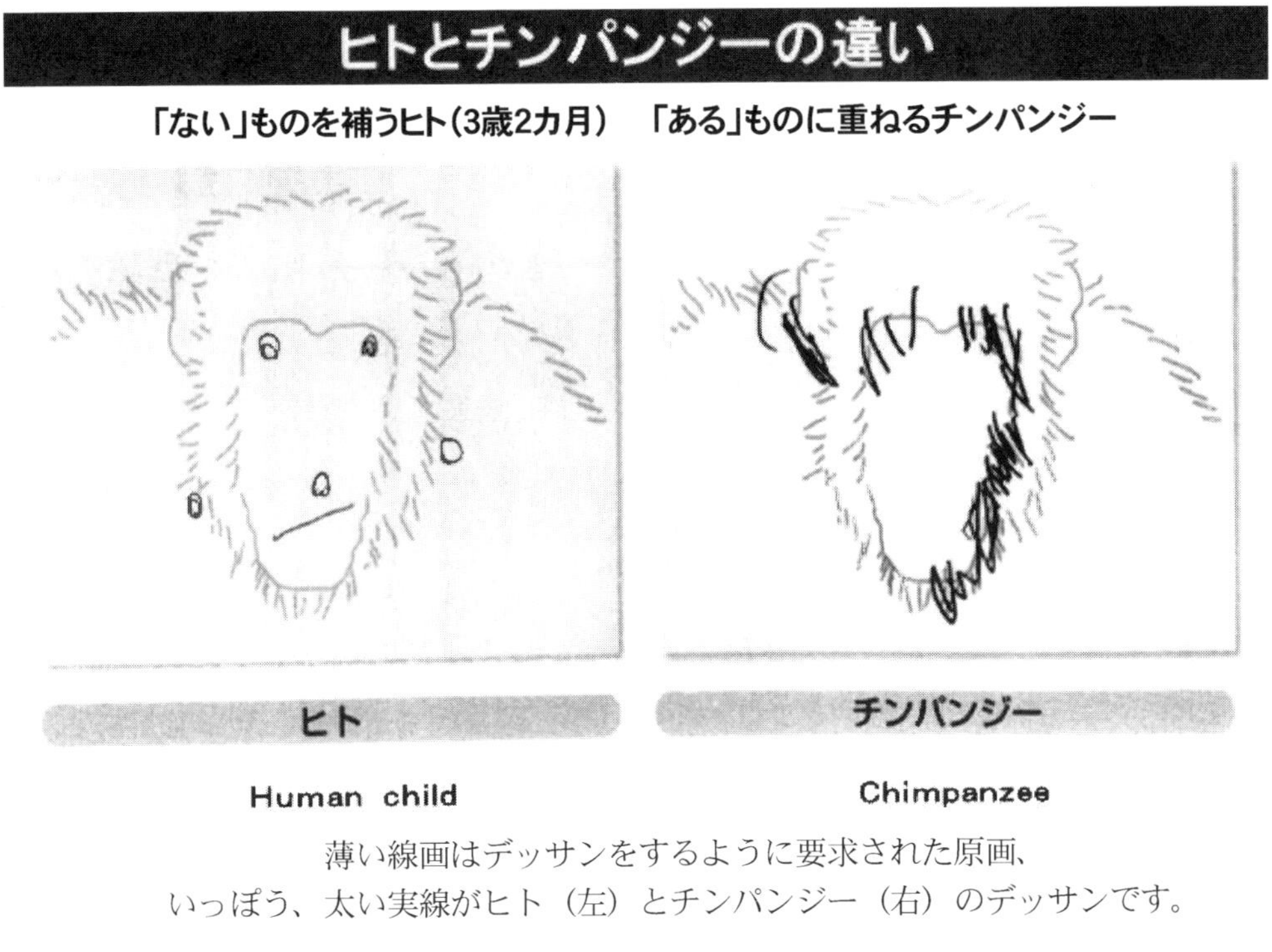

薄い線画はデッサンをするように要求された原画、
いっぽう、太い実線がヒト（左）とチンパンジー（右）のデッサンです。

出典：『脳科学と芸術』(工作舎/2008), 1-2節 絵筆を持ったチンパンジー(斎藤亜矢)

図1●ヒトとチンパンジーのデッサンの違い

〝ない〟ものを補うヒト（3歳児）に対し、〝ある〟ものに重ねるチンパンジーの差が見て取れます。この違いがどのように解釈できるのでしょうか？

チンパンジーは現実に存在する物に集中するのに対し、ヒトはあるはずだと予測することに重点があるといえるでしょう。

チンパンジーの脳は現在の記憶が大きく、人では未来（予測や計画）の記憶が大きいことがわかります。この実験から予測できることは人間が未来の予測や計画に重点を移行し、現在・過去・未来の記憶を一瞬のうちに操作できる機能を身に着けたことが、人間を霊長類の長として君臨する理由と考えることができるでしょう。

■創造性の5つのレベル

塚田　この視点からみて、外界の脳内モデルをどのように構築するのが望ましいか、また、どのような外界の脳内モデルが情報を生み出す脳にとって都合がよいのかを考えることが重要です。したがって、外界の脳内モデルは、外界の環境への適応と同時に、新しい情報を作り出す視点からも、満足できるものでなければならないのです。ここで、人間はどのように創造的機能を働かせてきたのであろうか。人間の思考過程においても、また教育者にとってもこれほど重要な概念はありません。現代の社会は変化の速度をますます加速させ、産業界においてもこの重要性をこれまで以上に強調しています。この情報を生み出す脳の機能すなわち創造の機能を分類すると、つぎの五つのレベルに分類することができます。

一つは、過去の断片的経験の中から、新しい合理的組み合わせを見つけ、今までにない組み合わせを創る手法で一つの新しい情報創成になります。たとえば、言語を覚えるときのように、ある基本的な単語を組み合わせて意味が取れる新たな連続単語をつくり出すのも一つです。絵画で言えば、部分的には現実に存在するものを組み合わせて、全体として現実には存在しないがイマジネーションの世界で新しい美をつくる、シュールレアリズムの絵もまたこの方法でしょう。これらを「**加算的創造思考**」と呼びましょう（**レベル1**）。

二つ目は断片的な経験を系統的に継ぎ合わせてグローバルな新しい情報を見つけだすもので、例えばある人の平面の顔写真をうまく組み合わせて、立体の顔を浮き彫りにする手法もあります。これを「**水平面的創造思考**」と呼ぶことにしましょう（**レベル2**）。

三つ目は相反する異なる情報からそれを統合して新しい情報を見つけるもので、ヘーゲルの弁証法的発展や「止揚」という言葉で表現しています。これは、矛盾する諸動因の統合的発展と解釈されています。また、自分の内にない異質の情報を外部から取り込み、既存の情報と統合することよって、新たな情報を創成する機能でもあります。たとえば、個性の異なる奏者によるデュオやトリオのような音楽演奏や、男女で踊るペア・ダンスによる美の創出もその一つです。これを「**自己進化的創造**」と呼ぶことにします（**レベル3**）。

四つ目は自己進化が壁にぶつかって行き詰まりの状態にあるとき、はじめの仮説やその論理的枠組みを転換し、新たな仮説や価値判断にもとづいて新しい情報を生み出す機能であり、いわゆる、パラダイムシフトあるいはパラダイムアップと言われています。以前の連続的な思考過程を断絶し、新しい次元の世界に入るという意味で、筆者は「**断絶と創造の思考**」と呼んでいます（**レベル4**）。物理学の発展の 歴史に例を見てみると、ニュートンにはじまる古典力学の世界の延長上に量子力学が生まれたわけではありません。まったく、異質の仮説にもとづいて量子力学の世界が生まれてきたことはよく知られています。思い込みや、自我の世界を超越し客観的に物事を判断することが重要になります。

五つ目は人間の考える脳を超えて、天空から降りてくるインスピレーションの世界を人間は持っています。多くの芸術家は、天地創造の原点に人間を引き戻し、人間とは何かを考えさせる表現力を持っています。これを「**超脳の創造**」と呼ぶことにしましょう（**レベル5**）。

▼芸術表現における創造性を考える

■ペア・ダンスにおける美の創造

塚田　このように、人間は五つの創造性のレベルをもっています。この人間の創造性に比較して現在生成ＡＩはどのレベルにあるかを考えてみると、レベル1と2はＡＩが実現できていると思われます。しかし3のレベルはそのアルゴリズムが難しく現在の脳研究や機械学習では実現できていないと言えます。具体的にペア・ダンスの世界を例にとって考えてみましょう（**図2参照**）。

男性のリーダーと女性のパートナーは初めに身体の軸を中心に片足で全身のバランスを取り、一つの安定な状態を維持しながら、もう片方の足へ滑らかに体重移動をし、再び安定な身体状態を維持するダイナミックな動作を習得します。この運動は、背景の音楽のリズムに合わせて美しいステップを踏むことで、男性の力強さや女性の優雅な美を表現します。女性の優雅な美は男性にない美の表現なのです。

それぞれ、美しい軌道が完成した後、両者がペアを組んで踊るとき、二人は新たな問題に直面します。互いに相手の存在を意識して踊らなければならないので、既に完成した個々の安定な軌道は再び修正することになります。ここから「ペアでなければ表現できない美とは何かの探求」がはじまるのです。

はじめに、リーダーとパートナーがそれぞれもっている姿勢の重心の位置を修正しなければならないことに気づき、二人は情報交換するために、互いに相手に自分の動きを伝えるための姿勢を新たに作ります。リーダーがパートナーをリードしようとして強いコンタクトをすると、パートナーの姿勢を乱し調和ある踊りができなくなります。互いに接点を介して情報をやり取りするためには、きわめて弱い力で接触点（動きの情報は伝わるが力は伝わらない状態）を創り、情報の交換を可能にすることになります。このような姿勢が互いにできれば相手の安定な美しい姿勢を崩さずに踊ることができるのです。まさに互いの主体性と協調による美の表現の第一歩となります。ペアが音楽に合わせ同期した動きで踊るとき、そこには重畳的なペアの美が生まれ、これが初めの「加算的情報創成」です。２つのニューロン集団がその発火を同期させることによって互いにコミュニケーションすることができる現象と類似したものです。相手を理解すると互いの脳内の細胞集団の発火が同期すると考えるもので、人間同士のコミュニケーションの一つと考えられます。

図２．ペア・ダンスの相互作用による美の創成

　次の段階では、ペアは今までの経験を生かして〝ペアの新たな美〟を表現することになります。リーダーとパートナーは互いに異なる美を取り入れて踊ることが要求されます。リーダーはパートナーの優雅な美を、パートナーはリーダーの力強い美を理解して踊れるかどうかが重要です。音楽に合わせて互いに同期すればよい問題ではないのです。互いに相手の美しい動きを自分の中に取り入れながら自分の動きを表現することが求められることになります。同期の位相はずれてもかまわないが、新しい表現（ペアがつくり出す新しい美の動き）がそこに生まれるかどうかが問題なのです。重畳的な美は、二人の既存の美の足し算すなわち１＋１＝２を意味しますが１＋１が３とか４になる新たな美を作り出さねばならないのです。新たな美はペアを組んだために生まれる美ですのでペアを解消すると消えてしまう美であり、互いに異なる美の世界の相互作用によって生まれる美ということができるでしょう。

　この境地に達したペアは〝重畳的な美〟の動きに加え互いに相手の美を理解した上に、自分の美を表現する技術を獲得しているため互いに役割分担の機能が生まれ、因果律にもとづく相互関係が形成されます。この状態は互いに相手の美の世界のモデルを自分自身の内に創り、自身の美と統合して踊ることができるのです。

　発展的に考えれば、ニューロン集団Ａとニューロン集団Ｂがコミュニケーションすることによって集団間に時間相関の順序関係ができます。ＢはＡの状態（発火しているか否か）を知って自分の状態を決め、逆に、ＡはＢの状態を知って自分の状態を決めることができます。すなわち、両集団間に因果律の論理構造が埋め込まれることになります。このメカニズムがあるからこそ、人間同士がコミュニケーションによって思いやりの心を持つことになり相互理解がうまれるのです。自分の内にない異質の情報を外部から取り込み既存の情報と統合することによって、新たな情報を創成する機能であるので「自己進化的創造」とよぶことにしています。演劇であれば俳優同士の演技を通じて観客との間に新しい情報を産み出すことになり、それを感受した人は感激することになります。芸術はいずれにしてもこの機能を持っています。

▼AI時代だからこそ大切な創造的世界

塚田　現在のＡＩは、まだこの芸術の持つ機能を持っていないのです。ＡＩはその人の多量な過去のデータを寄せ集め、その特徴を最適になるように統計解析し、あたかも、その俳優になりきったかのような音声や振る舞いをするのです。表面的にみる浅はかな人は全くこのＡＩに騙されて、“ＡＩを使えば俳優などいらない”と考える人もいるでしょう。それは先に述べたような心に起きるダイナミックな情報創成のメカニズムの分からない人なのです。

前の対談で述べたように、最近の脳研究では自分にないが他人にある情報を感受できるニューロン（ミラー・セルと呼ぶ）が発見されていますが、先に述べた神経回路網の中で起きる情報創成のメカニズムはまだわかっていないのです。と言っても、安心している訳にはいかないのです。コンピュータ技術の進歩により、人間の苦手とする多量なデータの高速処理によって複雑な計算を素早くやってくれるので大変便利です。したがって、社会的には否応なしに普及することになります。しかし、我々はその本質を知り手段として使っていくことが重要で、目的的使い方は避けることが重要です。

最後に、私の海馬神経回路（短期記憶の場）の実験の経験から一つの示唆を述べて終章にしたいと思います。

海馬の神経回路では繰り返し同じ刺激が来ると反応しなくなります。反応しないと何も起こらないのです。新しい刺激が来ると途端に目を覚ましたように反応します。このことは、人間は常に新しい創造に向けて興味を持つことが重要であることを感じさせられる現象です。

演劇は人間の心の世界のコミュニケーションによる創造に向けて作家、脚本家、俳優が三位一体となって創り出す創造的世界です。

演劇は観客を巻き込んでダイナミックに創造的世界を展開します。ＡＩに騙されることなく、この創造的世界を前進させることが、人間教育に不可欠な重要なことなのです。

森田　三回にわたる芸術脳のお話、ありがとうございました。脳のもつ可能性は無限です。人間が生まれながらに持っている想像力を駆使し、創造活動を継続させていくこと、それが脳を活性化させ人間力を高めていくことにつながることを確信いたしました。同時に私たちがめざしている「観る、表現する」という演劇活動を広げ、深めていこうとしている演劇教育の方向性も間違っていないことを脳科学の一面から証明されたような思いで心強く、また励まされました。決してＡＩの発達を恐れることなく、惑わされることなく、演劇活動のもつ教育性をこれからも自信をもって訴え続け、実践していかなければという思いです。これからもまた機会があれば、演劇教育と子どもたちの脳の発達についてのお話を聞かせていただければと思っています。ありがとうございました。

――連載・了――

ONステージ
児童・青少年演劇評

中高生に観て、考えてほしい舞台

劇団コーロ『眠っているウサギ』

作＝くるみざわしん、演出＝高橋正徳

小林由利子
明治学院大学

劇団コーロの『眠っているウサギ』を2023年5月13日(土)に川崎市アートセンターアルテリオ小劇場で観劇した。劇団コーロは、『天満のとらやん』の印象が強かったので、『眠っているウサギ』もその路線上の作品なのではないか、と思いながら劇場に向かったが、完璧に裏切られた。

この作品は、大人のための演劇の脚本家であるくるみざわしんが、現実に起きたホームレス襲撃事件に着目し、青少年のために初めて書いた作品である。ホームレス襲撃だけでなく現代社会が抱えるさまざまな問題が取り上げられ、途中で観るのが本当につらくなり、青少年が鑑賞したらどう感じるだろうか、と逡巡しながら観ている自分があった。

主人公は、4人の高校である。高校2年生の西田進は、親も教師も認める学業優秀でスポーツ万能でリーダーシップもある優等生である反面、ホームレスに対して容赦ない残虐性を見せる。西田の二面性に背筋が凍る恐ろしさを感じた。西田がホームレスを襲撃する場から逃げた真島裕司を追いかけて攻め立てる暴力場面は、人間の持つ闇を目の当たりに目撃した場面だった。結局、西田は警察に連行されてしまった。

劇団コーロ『眠っているウサギ』　［撮影＝関口淳吉］

現在、アフガニスタンの人たちを援助している元教師の水本ゆうこは、西田と裕二が通っていた学習塾講師で、ホームレスになってしまった町村五郎に西田に会いに行くように勧める。西田の発言により、新聞ざたになり、失職した町村は、最初は拒絶していたが、結局西田に何度も会いに行き、彼と話をする。この場面は、教師の役割は何かについて考えさせられた。

最終的には、裕司の妹の淳子が、ホームレスの人たちを学校へ招き話を聞くという機会をつくり、美香（町村の離婚した妻のところにいる娘）以外は、連帯していこう、ということになる。この結末は、わたし自身救われた。

西田に殺されたホームレスのシマちゃんが、石を投げつけられない裕司が逃げ出したときに、西田に言った「なんだ、お前もひとりぼっちじゃないか」という言葉は、わたし自身に重く深くズシンと響いた。

迷いに迷ったが、アフタートークに参加した。脚本家、演出家、「野宿者ネットワーク」代表者、プロデューサーの話を聞きながら、この作品は確かにヘビーだが、アフタートークと組み合わせて、中高生が観て考えるべき作品であると思った。

脚本家のくるみざわが、精神科医であることを知り、登場人物のリアリティーが腑に落ちた。くるみざわが、彼の経験に基づきながら、リサーチとフィールドワークを重ね、青少年を観客対象にすることについて熟考を重ねて西田という人物を創り上げ、その他の登場人物をリアルに創り上げていったと思った。くるみざわは、青少年演劇の脚本を書くのは初めてということだったが、今後も青少年演劇脚本、児童演劇脚本を創作し続けてほしいと切望する。次作をぜひ観たいと思った。

ONステージ
児童・青少年演劇評

●児童演劇時評●

コロナ禍から抜け出したら
——取り戻した一体感

ふじたあさや
劇作家・演出家

コロナが五類にされたことで、演劇の現場は大きく変わった。満員の客席も復活したし、学校公演も少しずつ復活している。映像参加に頼らざるを得なかった国際フェスも、海外からの参加が可能になり、生の舞台を見ることが出来るようになった。

その国際フェス——りっかりっか＊フェスタ（7月24〜30日・沖縄）を見てきた。十九演目、八十公演、三つのシンポジウム、それに講習会という規模で、三年ぶりに海外の児童劇人とも交流できた。

海外作品では、チリの『パレイドリア』、ベルギーの『グランパとグランマ』、『ゆーほー』、フランスの『つみきのいえ』、リトアニアの『カラフルパズル』、スペインの『レイン〜雨と涙のしずく〜』、ノルウエー・チェコ・イギリス共同制作の『記憶の彼方へ』、スペインの『ア・マノ』を観た。三年の間に、紹介するべき作品がたまっていたということだろう。今年の海外作品は、質が高かった。

『パレイドリア』は、見なれたものが次々と変身する面白さで、子どもの想像力を刺激して、別世界にいざなってくれたし、『グランパとグランマ』は、俳優の技で家族に歴史があることを温かく実感させてくれたし、『記憶の彼方へ』は、演劇が人間を通して歴史を描くことが出来るジャンルであることを証明してくれた。また『ゆーほー』は観客を客席に座らせず、体験者にしてしまう新しい試みだったし、『ア・マノ』の粘土と手が作る人形の可憐さ、『つみきのいえ』の距離感を超えた不思議な舞台空間など、印象に残る舞台ばかりだった。

このところ、りっかりっか＊フェスタでは、従来の枠組みを超えた演出者・出演者の顔合わせによる新作が次々と作られて、話題になっているが、今年も話題作が並んだ。その一つ、アレックス・バーンの脚本・演出による『ブ

『パレイドリア』チリ/ラ・ヤーベ・マエストラカンパニー
［撮影＝坂内太］

『つみきのいえ』フランス/スペクタビリス　［撮影＝坂内太］

『グランパとグランマ』ベルギー/コンパニー・デ・ラ・カスケット
［撮影＝坂内太］

『うむしるむん』　［撮影＝坂内太］
エーシーオー沖縄・とらまるパペットランド共同制作

『ブレーメンの音楽隊』エーシーオー沖縄
［撮影＝坂内太］

『カラフルパズル』リトアニア／ダンセマ・ダンス・シアター
［写真提供＝エーシーオー沖縄］

レーメンの音楽隊』（エーシーオー沖縄、出演は日本人俳優六人）は、俳優の演じ方でグリム童話を読みかえてしまうのが新鮮で、アングラ育ちの演者も交えた顔ぶれが楽しかった。くすのき燕の脚本・演出、沖縄の演者たちによる『うむしるむん』は、子どもを知り尽くした演出家の腕で、うまくまとまってはいるが、この顔ぶれなら、更なる成果を期待できるだろう。

　ベビーシアターでは、『カラフルパズル』が、ベビーを興奮させること確実な、カラフルな仕掛けで、楽しめたし、くすのき演出、大沢愛出演の『かぜのうた』は、わらべうたという領域に、ベビーシアターの可能性を探って、意欲的だった。

　今年の沖縄は、久し振りに、海外児童劇の佳品に接して、刺激的な日々だった。

　また、今年は、国公立の劇場で、子ども対象の作品作りが、相次いで行われた。

　その一つ、新国立劇場の『モグラが三千集まって』は、台本・演出の長塚圭史が振付の近藤良平と組んでの子ども向け企画の第四弾で、原作は武井博。原作者とは彼がＮＨＫディレクターの頃、共同作業をしたこともあったので、期待して観に行った。話は面白かったが、四人の俳優で演じるのは二十一役。当然衣裳をそっくり変える暇はないので被り物一つで役の違いを表わしたりするのだが、芝居を見慣れた私でさえ、別の役になったと理解するのに、手間取った。客席の子どもの中には、それでストーリーが混乱して、ついていけなくなる子がいた。ルールさえ呑み込めば確実についてきただろうに、残念だった。

　静岡芸術劇場でも、子どものための劇づくりの試みが行われた。てあとるてをとる『ちかくにあるとおく～鏡の国のアリスより～』という凝った題名の作品だが、アリスはほんの入り口で、ストーリーよりも、どうしたら子どもと楽しい関係が作れるかという趣向に重きを置いた作りになっていた（深沢襟構成・演出・美術）。それも確かに一つの方法だろうが、物語を楽しむつもりの子どもは、あてがはずれたようだった。

　児童数に応じた出演料で経営せざるを得ない児童劇団が、児童数の減少という事態を迎えて、増えていく赤字に悪戦苦闘している今こそ、国公立の劇場の果たすべき役割は大きい。世界に学んで、先頭を走ってほしい。

やさしさを軸に丁寧に描く

劇団らくりん座『あらしのよるに』

原作＝きむらゆういち　脚本＝かめおかゆみこ
演出＝印南貞人　音楽＝上野哲生

太田 昭
東京演劇アンサンブル

キッズサーキットin佐久にて、劇団らくりん座による『あらしのよるに』（脚本・かめおかゆみこ、演出・印南貞人、音楽・上野哲生）を観劇した。原作はきむらゆういち作によるベストセラー。多くの劇団が舞台化しているあまりにも有名な児童文学作品だ。

導入からファンタジックな曲調の音楽に導かれ、照明の変化が加わり、劇的な空間へと引き込んでいくようなスタートだ。余計な状況説明は省かれ、いきなりガブとメイ、二人（二ひき？）が出会い、物語は進んでいく。客席は、勝手知ったるお話、期待通りの展開に、オオカミとヤギが、お互いの正体を知らないまま出会ってしまうという緊張感よりも、待ってましたとばかりの反応が飛び交っている。知っている物語を、目の前で期待通りに立体的に演じられているのを観る高揚感は、子どもたちにとって、安心して観劇できる手法の一つだということを実感した。

劇団らくりん座は、歴史ある劇団であり、特に学校公演など、体育館を使った学校現場での上演をメインにしてきている。そのため、発声や演技の質感もその条件に見合った技術を得意としている。よく通る声と、理解しやすいムーブメントなどが特徴的だ。そういう部分もある意味、演劇的な見え方をしているように思え、子どもたちが、この舞台が現実ではなく、物語であることを理解することができる。この安心感は、子どものための演劇にとって、欠かせない要素で、劇団の創造姿勢の一端がうかがえる部分でもある。

物語の進行はテンポよく進み、お互いがオオカミと山羊であることに気づかないまま、進行していく。もちろん、観客側はその真実を知っていることがこの作品のツボなので、二人が出会い、言葉を交わし、関係が近づいていけば近づいていくほど、おもしろい。話が進めば進むほど、友情が深まれば深まるほど、その危険度は増し、観客の期待が高まっていく。だんだんと物語の主人公たちにも、真相が理解されていく。この辺は、スピード感があり、テンポもよい。子どもたちが、理解しやすい作りになっているので、並走するようについていける。

劇団らくりん座『あらしのよるに』

惜しむらくは、この観客の反応に対して、舞台側がきっちりとしたつくりをまったく崩さないところだ。ある意味正しい選択なのだが、客席の雰囲気を読み取り、掛け合いとまではいかなくとも舞台と客席の合意はあるべきだと思った。せっかく舞台を楽しみ、作品世界を浮遊している子どもたちを、置いてきぼりにしてしまっている感があったのは否めなかった。例えば、この作品の妙である、「オオカミはヤギを食べたらおいしい」、ということが、あまり効いてこない感じがした。ここが、効いてくると、さらに深みが増し、笑いも、悲しみも奥行きが出てくるのでは、というのは要求しすぎなのかどうか。

劇団らくりん座『あらしのよるに』

とはいえ、らくりん座の財産である発声の確かさや、動きやしぐさのダイナミックさが、舞台を支えているのは事実。加えて、一貫したファンタジーの世界を膨らませ、遊ばせてくれる音楽は貴重な存在。最後までそれはゆるぎないものひとつだった。そして、敬愛する演出家である印南さんのまなざしが、徹頭徹尾やさしい。前述したように、この作品は多くの劇団が上演している作品。作品そのもののベースが骨太であるため、どの部分を膨らましても描くことのできる原作だ。例えば、対立軸をクローズアップしてもよいし、相手を食ってやろうという負の部分を膨らましてもよい。どう料理しても弱肉強食の世界観があり、観客が納得できる進行が約束されているという作品だ。その中で、演出家・印南さんは、二人の関係や、それぞれの仲間との関係をやさしさを軸に丁寧に演出していた。いま、世界中で戦争や紛争が広がっている。そこには民族や宗教や人種の違いが、大きく横たわっている。他者を知り、他者を愛すること、それなしには、戦争は終わることはない。どんなに小さな子どもたちでも、そのことが理解できるきっかけとなるものを提示してくれている。演劇が戦争を止められるわけではないが、なにが戦争を起こし、どうすればそれをなくしていけるのか、そんな理解を深められるものになれば、こんなにうれしいことはない。印南演出には、そんな思いが込められているのではないだろうか。

これまで、あまり観劇する機会のなかったらくりん座作品が、こうやって佐久のキッズサーキットのようなフェスティバルの上演で出会うことができるのはありがたい機会だった。学校公演ではない場所で、家族連れの多い観客席。おそらく普段と違う観客層との出会いだったと思うので、そういう意味でも緊張感のある舞台だった。そして、らくりん座が考える、どうすれば私たちは差異を知り、差別を乗り越えていけるだろうかという思いが、より観客席に伝わるように発展していくことを期待したい。

ONステージ
児童・青少年演劇評

ミクロの世界で自分を再発見

劇団トマト座
『ミクロの三銃士』
作・演出＝谷 藤太

大澗弘幸　劇団風の子

8月6日〈キッズサーキット in 佐久〉佐久平交流センターの428席がほぼ満席。開演前から子どもたちやその家族から、待ちきれない、早く観たいという空気感が満ちあふれていました。おそらく、何年もかけてこの空気が創られてきたのだと思います。そして、コロナウイルス感染が5類なっての公演。感染対策も少し緩和され、観客同士の席が間近になり、お互いの呼吸まで身近に感じる、公演に対する期待感が客席から湯気のように沸き立っていました。

劇団トマト座の公演『ミクロの三銃士』。1962年生まれの私は「ミクロ」と聞くだけで『ミクロの決死圏』という映画を思い出し、勝手に胸の鼓動が高まります。

今回のミクロは虫の世界です。虫と言えば多くの人に嫌われる存在になっています。いつの頃からか、虫が嫌いという人が増えてきました。東京大学の研究によると「都市化に原因」があると解明されているそうです。都市化によって虫への知識が不足してきている、見かける頻度が減っている、人間の生活圏に虫が現れるようにきている、それらの理由から得体の知れないものとして嫌悪されるようになったとのことです。

『ミクロの三銃士』は門倉健太が主人公、4年生くらいでしょうか。妹のくるみは2年生かな。家族でピクニックに山に来ている。健太はしばらく学校に行けていない引きこもり気味の少年です。ふとしたことで黄色いガジルの実を食べてしまいます。この実を食べたものは身体が急速に小さくなってしまう。少し遅れて妹のくるみも食べてしまう。そして、二人は虫の世界に否応なし入り込んでしまうことになります。蝶々やフンコロガシの情報から、青いガジルの実を食べると元の大きさに戻ることができると言われます。しかし、ガジルの木にはうかつには近づくことができません。なぜなら、ガジルの木は毒蜘蛛タイタンが我がものとして近づくものを捕食しているからです。そのタイタンを倒せるものは伝説の虫の三銃士、魔法の杖を持つ戦士、全身を真っ赤に染めた戦士、黄金のヨロイを身にまとった戦士だと言われます。妹のくるみは毒蜘蛛タイタンに捕まってしまいます。健太は伝説の三銃士とめぐり合い、タイタンとの闘いが始まります。その戦いの中で健太は虫たちと

劇団トマト座『ミクロの三銃士』

劇団トマト座『ミクロの三銃士』

友だちになります。現実の世界がいやになっている健太。自分なんて必要のない人間だと思ってしまっている健太。この戦いの中で自分の存在を認め、友だちになった三銃士と一つの達成感を得ます。そして、青いガジルの実を食べて現実の世界に戻ってきます。戻ってきた健太はこの世界で一歩踏み出す勇気を持ちます。

主人公がなんらかのはずみで別の世界に足を踏み入れる。そして、現実ではありえない体験をして、戻ってくる。その時に主人公は成長している。これは多くの物語の基本だと思います。

今回の健太も同じことが言えます。自分がミクロ化して、虫の世界に入り込む。そして、妹のくるみを助け出し、虫たちと友だちになり、現実の世界に戻る。私には、これが実は健太の願望が見せた夢だったのかもしれないと思えます。

なぜ、そう感じたのかと言うと、健太の引きこもっている理由が解き明かされていないからだと思います。健太は学校に行く意味が分からないと言います。友だちに会いたくないと言います。勉強も運動も好きじゃないと言います。きっとそう言わせる出来事があったのではないかと思います。友だちに会いたくない理由、つまり、健太には友だちがいる、いるのに会いたくない。クラスの中に毒を吐く友だちがいるのかもしれない。自分が攻撃されるのではなく、クラスメイトが攻撃されているのに何もできない健太がいるのかもしれない。クラスカースト制の自分の立ち位置から悩んでしまったのかもしれない。だから、夢にしろ、なんにしろ、このミクロの世界の経験が健太を成長させ、人と関わる意欲が生まれたのは、とても素敵なことです。

観客である子どもたちが、この健太の経験を一緒に経験することで、新しい自分を発見できるといいなと思いました。

子どもの想像する力は本当に豊かで様々なドラマを頭の中で生み出していると思います。子どものための舞台はそこを信じて創っていると思います。今回の『ミクロの三銃士』もそうだ思います。ただ、もう少し健太君の物語を進めていくための動機が知りたかったです。なぜ学校に行けなくなってしまったのでしょうか、学校での出来事なのでしょうか、家庭での親子関係なのでしょうか、その理由が鮮明になると、より物語を進めていく力になってくるのではないかと感じました。

ふんだんに歌と踊りが入り、カラフルな衣装で構成されている『ミクロの三銃士』今後の展開に期待しています。

（2023年8月6日、佐久平交流センター）

軽妙な笑いの中で子どもの今を描く

劇団風の子『ちぇんじ〜図書室のすきまから』

作・演出＝大澗弘幸

円藤 滋 （公社）日本児童青少年演劇協会

舞台は本が並ぶ図書室の中、真っ白な背表紙の本で全体が埋め尽くされているようだ。その中の数冊だけには色がついている。この無数の白い本にはある意味が込められているのだが、それは舞台が展開していくにつれて徐々に判っていく。

大ホールの舞台上にもおさまりそうな広い間口のセットには、高さ一メートルほどの開帳場が上下《かみしも》に広がり、そこを演技の中心にして物語は進行する。緞帳は使わず、この広い舞台は、体育館のフロアー設営を想定していると思われる。開帳場は観客の子どもたちの視界を考え、すべての子どもたちが後部席からでも支障なく舞台を観られるように考えられたものだろう。学校公演を知り尽くした劇団の心配りはさすがだ。

話は小学5年の女の子、林彩佳《あやか》を中心に展開する。それぞれの推薦図書を決めるために図書室に集まったのは、彩佳とクラスメートの二人の女の子。彩佳を除いた二人は早々に決めたようで、図書室から教室へと戻ってゆく。ひとり残されて彩佳は自分の優柔不断さと、引っ込み思案の性格を恨みながらも思案を巡らせる。そうこうしているうちに、図書の中に見慣れぬ本をみつけ、なにげなく開く。すると本の中から派手な色で塗り分けられた髪型の奇妙な人物が現れ……。

そこまで話が進んだところで、不思議な感覚にとらわれた。もちろんそんなはずはないのだが、これはずいぶん前にどこかで観たことがあるような気がしたのだ。

既視感の理由が解らないまま舞台はさらに進み、狂言回しのような役割の派手な髪の毛の人物（ちょさくけん）が、彩佳がアンデルセンの「はだかの王様」の王様に、王様は彩佳に、と役割を交換《ちぇんじ》し、自分の物語を完成させれば願いを一つかなえてくれるという提案をする。彩佳はそれを受け入れて……。

ここまできて、はたと思い当たった。これは四、五十年前に上演されはじめた、子どもの現状を捉えようとして制作された一連の作品に連なるものではないかということだ。それは古臭いという意味ではない。それまでの児童演劇は友情や他者への思いやり、ときには反戦といった大人の道徳観に合致した主題《テーマ》を、童話や昔話に託して表現したものが主流だった。それも無理ない面もあった。現代を表現す

劇団風の子『ちぇんじ〜図書室のすきまから』

劇団風の子『ちぇんじ〜図書室のすきまから』

るに際して、もっとも演劇的な問題は子役の起用だった。子どもを起用できず、不本意ながらも声と身体サイズの点から、女優を充てなければならず、これは今でも続いている問題だ。昔話や外国の話にすると、大人が演じる子どもへの違和感がいくぶんか薄められた。で、子どもが重要な役割を演じることの多い児童演劇では現在をあつかった作品が今も少ない。それが一九六〇年代後半から、子どもたちの現実を表現しようという作品が創られ現在に至っている。海外でも、それまで宗教劇が中心だった児童劇界が大きく変わったのと軌を一にしている。世界中を席巻した学生運動から生まれた一つの産物といわれる。

　ただ、その頃の作品にはあまり良い印象はない。意気込みばかり先行して、大人の見たステレオタイプの子ども像が大げさに演じられていたのではないかと思う。ところがこの作品では、小学5年生の彩佳を演じる三ッ井奈緒、同じく坂口真帆役の高柳涼香《りょうか》、木下千里役の高村《こうむら》映摩《えま》の三人の肩に力を入れすぎない演技は違和感なく観られた。観客の子どもたちの反応も、それを証明している。

　さらに既視感をより強く感じたのは、この作品にはインターネットやスマホがいっさい登場しないところ、つまり皮相な現代に対するアンチテーゼを意図しているのではないか、という点が大きい。この作品は五十年前に演じられても、その頃の子どもたちは素直に受け入れたと思う。この舞台でも、未就学児をも含めた子どもたちは、IT機器のない世界を楽しんでいたようだ。

　物語は彩佳が提案を受け入れ、王様の役割をしっかりと果たし、自分の性格を肯定し、自覚するようになっていく。なによりも重要なのは、一つでは意味をなさない文字が紡ぎだす物語が豊かな想像力を産み出すこと、それが子どもの成長にとって不可欠なものであることを、物語の登場人物たちが雄弁に語る。

　冒頭のたくさんの真っ白な背表紙はまだ出合っていない本、色のついているのは今までに読んだ本、読書の海はこんなに広いと子どもたちに告げているのだろう。

　前述の三人に加え、王様役の菅原武人《たけと》、先生役の井部直人、ちょさくけん役の水流梨津美《つるなつみ》の六人が演じる軽妙な舞台は、テンポよく客席の笑いを誘う。その笑いは、現代社会を席巻している他人を侮ったり、自分を貶めたりしての後味悪いものではなく、子どもたちの屈託ない笑いである。生の舞台だからこそ得られる共感の笑いだと思う。（氏名敬称略）

ONステージ
児童・青少年演劇評

変幻自在な演技で生まれる一体感

劇団仲間
『給食番長』
原作＝よしながこうたく　脚本＝西上寛樹
演出＝木内 希　音楽＝阿部心也＆弥生

蒔田敏雄
（公社）日本児童青少年演劇協会

２０２３年７月30日。劇団仲間創立70周年記念４作品連続公演の２番目として、東京・板橋区の板橋区立グリーンホールを会場に、劇団仲間『給食番長』の公演は行われました。

夏休み中の日曜午後ということもあるのでしょうか。子どもたちと一緒にお父さんお母さんの姿も多く見られ、これから始まる舞台への期待が満ちているように感じられました。

そんなエネルギーを全て受け止め、一気に舞台のパワーにしてしまったのが、客席後方から『わんぱく小学校』の歌を歌いながら走り出してきた５人！　番長の「いくぜー！」の掛け声で、客席にいる私たちを一気にわんぱく小学校１年２組へと引き込みます。

５人が袖に入り、チャイムと共に大きな寸胴を重そうに運んでくる女の子が「今日も給食の時間が始まりました」と言った瞬間からまたまた怒涛の勢いで「♪番長打つ～ぞ番長打つ～ぞ番長打つ～ぞ！」のコールと共に、次々と繰り広げられる野球ごっこ！　そのシーンの中で、一人一人の名前を言うことで、登場人物の紹介もしてしまう工夫に脱帽。その後も、先ほど寸胴を持ってきた女の子が怒るのに、「そんなに怒るとしわしわになっちゃうぞ！」という番長のセリフを受け、あえて年長の俳優たちに「あんたたちも、全然小学生に見えないわよ」と言ってしまうことで、逆説的に大人が小学校１年生を演じていることを成立させてしまうという手法にも、「その手があるか！」とビックリさせられました。

芝居が始まって間もないにも関わらず、観ている人たちがすっかりこのクラスの一員の気持ちになっていることを感じたのが、「いただきます！」の掛け声の部分。教室で、当番の子が言った後にクラス全体が言う時のように、客席からも一斉に「いただきます！」が返され、一気に一体感が高まりました。

ところがところが。そんな客席との「給食食べるよ」という一体感もどこへやら。給食より遊ぶことを優先する子どもたち。

それに対して、栄養指導・食育の面からも、せっかく作った給食を食べてほしいという思いから、番長に話に行くと決める給食のおばちゃん・おじちゃんたち。

そこでも面白いのが、給食のおばちゃん・おじちゃんと子どもの二役をやっていることを、あえて見せつつ、心の葛藤を明確に示すという手法。エプロンを付けたまま、番長の言葉に心が揺れ動くと子どもたちになっていくのも、「同じ人だよね、演じているの」という観客の心理を逆手にとり、テンポよくストーリーを進める有効な方法に昇華させていました。

そして！　ついに起こってしまう、「おばちゃんたちが家出をして、給食を作らない宣言をする！」という大事件。

「自分たちで作ろう」ということで給食室に入る５人。調理の様子も、野球のようなナレーションと、見立て（これが面白い！）を使った表現とでどんどん進めていきます。

へとへとになりながらも、６１２人分のカレーを作り上げる子どもたち。一瞬、ご飯を炊いていないと落ち込むけれど、一人がちゃんと炊いていたことがわかり、一安心。意気揚々と各クラスに配りにいくが、思ったほど食べ

お米の神という〈カミサマ〉たち【上】と、“新メニュー”の給食に喜ぶ番長たち
劇団仲間『給食番長』

てもらえず、余りまくった給食を前に落ち込む子どもたち。「おばちゃんも、こんな気持ちだったのかな」と初めて気がつきます……。

そこに流れるお囃子のような音楽と共に登場する7人（4人で表現）の〈カミサマ〉たち。お米の神だという彼らは、人間がお米を食べないから、力が出ないという。番長が持っていた寸胴の中の残飯を見てショックを受ける神様たち。「1年2組は一度もちゃんと給食食べたことがない」と言われ、何組？との質問に番長は「3組」とごまかすが、寸胴の中から本当の声が聞こえてきます……。

「給食の時間がきらいな理由」を聞かれ、「遊びたいから」と答える番長。それに対し、「しゃもじの記憶をのぞいてやってくれ」と去っていく神様。

給食のおばちゃんたちが、一生懸命に調理をする姿、苦手なものを食べられた子のことを心から喜ぶ姿を見た番長の前に現れる給食のおばちゃんたち。そのおばちゃんたちに、「しゃもじが教えてくれた」と、おばちゃんたちに給食をちゃんと食べてこなかったことをあやまる番長。おばちゃんたちも「家出なんてしてごめんなさい」とあやまり、新メニューを考えていたことも教えてくれます。

そして次の日。おばちゃんたちが考えてくれたのは「甲子園給食」！　その給食をおいしく食べた1年2組の子どもたち、そして牛乳を飲めた番長！　その姿に、客席にいる我々も、温かい気持ちを感じながら、番長たちと一緒に「ごちそうさまでした！」と手を合わせたところで「幕」となりました。

番長たちと一緒に、「やりたい」をわがままいっぱい楽しんだり、でも、子どもたちの身体のことを考えてくれている給食のおばちゃんたちの思いを受け止めたり。変幻自在に演じ分ける出演者のパワフルな演技に魅了されながら、心が解放され、でも、人のやさしさや思いやりを感じられることの大切さ、そしておいしく食べることの意味も学ぶ時間を与えてくれたこの『給食番長』。観終わった子どもたちの笑顔が、ひときわ輝いてみえました。

ONステージ

児童・青少年演劇評

みんなで楽しむ弥次・喜多の世界

人形劇団ひとみ座
『大江戸人形喜劇 弥次さん喜多さん トンちんカン珍道中すぺしゃる』

原作＝十返舎一九「東海道中膝栗毛」 脚本＝佃典彦 演出＝山本コーゾー

松下有希 東洋英和幼稚園 教諭

夏休みも終盤の八月二十四日、県民共済みらいホール（神奈川・横浜市）にて人形劇団ひとみ座の公演を観ました。会場には、親子連れのお客さんはもちろんのこと、小学生の団体グループが何組も来場していました。

会場に入ってまず目に入ったのが、正面の大きな幕。デフォルメされた日本列島の地図に、劇の舞台となる江戸から伊勢までの道のりがすごろくのように描かれていました。

お囃子の太鼓や笛の音と共に演者が入場し、傘回しや皿回し、お手玉の芸を披露。演者の顔の下に人形がついていて、この人達が人形を動かすのだと、一目でわかります。劇が始まる前に操演する人の顔がわかってしまうと、人形が生きているように見えるあの不思議さを感じる妨げになってしまうのではと少し心配になりましたが、それは杞憂でした。劇が始まると、命が宿っているかのような動きをする人形に視線が吸い寄せられ、『東海道中膝栗毛』を原作とするお話に没入していく自分がいました。

主人公は弥次さんと喜多さん。基本的に調子乗りで知ったかぶり、後先考えないで無謀なことをその場の「ノリ」でやってしまう、そんな性格ですから、二人の思惑が大外れし困った状況に陥ってしまう、やらかし話の連続です。物語の始まりも、浅慮な計画でやらかした結果、二人はお役人の栗山様に追われる身となってしまいます。

そんな二人が逃亡の地に選んだのは、東海道を通って京都を越えた伊勢。ついでに流行りのお伊勢参りもしてしまおうと思い立ち、「まさかお伊勢参りしながら逃げるとは思うまい」と、これまた無計画に出発します。

江戸から伊勢に少しずつ向かうように、小話が連なり、話が進んでいく構成でした。

人間を「一枚、二枚……」と数え、それは違うとの指摘に「だって俺は二枚目の男。お前は三枚だ」「いやいや俺が二枚目だ」と言い合う場面をはじめ、面白おかしく笑ってしまうシーンが随所に散りばめられていて、その度に、劇場内のあちこちから、観劇している子どもたちの笑い声が聞こえていました。

人形劇団ひとみ座『弥次さん喜多さんトンちんカン珍道中 すぺしゃる』

やらかしだらけの弥次さん喜多さんですが、結果的に人助けとなるお話もありました。

黒星続きの相撲取り「鬼の山」が、故郷に帰るのを手伝ってやるという建前で、本音は鬼の山の家に上がり込んでご相伴に預かろうとした弥次さん喜多さん。ところが、鬼の山の母は、鬼

人形劇団ひとみ座『弥次さん喜多さんトンちんカン珍道中 すぺしゃる』

の山を叱責し関取になってから帰ってこいと追い返します。鬼の山が去った後、母は人が変わったかのように穏やかに、弥次さん喜多さんに感謝するのです。面白い場面でクスクス聞こえていた笑い声も、この場面ばかりは母の思いを想像したのでしょう、しーんと静まり返っていました。「あ、そんな馬鹿なことしないで」とハラハラすることが多い中で、じーんとした話でした。

　劇中には、少し怖いシーンもありました。大荒れの川を二人は無謀にも丸太に乗り自力で渡ろうとし、案の定川に落ちて溺れ、なんと地獄まで落ちてしまうのです。場内からは「死んじゃったの……？」と呟く声が。舞台の緊迫した空気の中、どこからともなくクスクスと子どもの笑い声が。怖い場面だからこそ、笑ってその雰囲気を払拭したい、そんな子ども達の気持ちが伺えました。もしかしたら、こうしてみんなで観ているからこそ、見続けることが出来た人もいたのではないでしょうか。怖い雰囲気に不釣り合いな仲間達の笑い声に「死んでしまったけど、どうやら大丈夫らしい」と怖さのドキドキと期待のドキドキが混ざり、怖いものが苦手な人も観続けることができたかもしれません。「死んだけれど大丈夫らしい」ということを裏付けるような、その後の弥次さん喜多さんのコミカルな動きに、先程の反動かドッと大きな笑いが沸き起こり、次々とやってくる閻魔大王の使いの化け物たちを二人らしい色々な方法で撃退していく様子は痛快でした。地獄でも二人の無謀っぷりと後先考えぬ楽観的な性格は健在で、子ども達はすっかり安心して劇の続きを観ていました。一緒に観劇している仲間がいるということも、演劇の一つの魅力だと感じた一幕でした。

　これからどうなっちゃうの？というハラハラと、あぁ良かったという安心感が交互にやって来て、最後は無事伊勢に着いて大団円。途中休憩を挟み、約百分の公演でした。

　子ども向けで百分と聞くと、長時間のように思っていましたが、小話が集まり、一つの大きなお話になっており、一気にお話に引き込まれ、あっと言う間の観劇でした。きっと子どもたちも同じように感じたのでしょう。夢中になって弥次さん喜多さんの世界を楽しんでいる様子がうかがえました。

　今回の公演はお菓子のお土産付きでした。パンフレットに「お家に戻ったら、弥次さん喜多さんを思い出し、お菓子でゆっくりと一休み」と書かれていました。劇中・劇場内のみならず、劇場の外へ出た後までも、余韻を長く深く味わえる仕掛けが施されていることに感銘を受けました。

　劇中のお話にあった「まんじゅうの大食い大会」を思い出させる餡子の入ったふっくらした焼き菓子を私も家でいただきつつ、観劇した子ども達は、親子で、または仲間と共にどんな感想を交わし合うのだろう、と思いを巡らせる幸せな時を過ごしました。

ONステージ
児童・青少年演劇評

多彩な手法を駆使、圧巻の影絵劇

劇団かかし座『オズの魔法使い』

原作＝Ｌ・Ｆ・ボーム（宮坂宏美訳『完訳 オズの魔法使い』）
脚本＝花輪 充、演出＝花輪 充・後藤 圭、音楽＝石川洋光

仮屋祐一
劇団風の子九州

舞台芸術としての影絵劇というジャンルとはなかなか縁もなく、もしかしたら初影絵劇だったかもしれない。子どもの頃はＮＨＫ教育テレビで放映される影絵劇場の昔話にはまっていた。子ども心に、昔話のファンタジックなストーリーと影絵の持つユニークで不思議な表現、声優の巧みな話術や音楽などが私を虜にしたのだろう。ただ、前提として当時の子どもたちにとって影絵遊びが身近だったことも多分に影響していた考えられる。天気が良い日は、友達と影絵踏みで追いかけっこ、日が沈みかけると夕日に伸びる己の影に一喜して動きまわった。もちろん夜は、兄弟で障子やふすまに手影絵を映した。特異な体験としては、月夜の晩、風に揺れる竹林が雨戸の節穴を通して部屋の障子に映し出され、円の中でゆらゆらと逆さまに薄い色付きで動いていた。今思えばピンホールカメラの要領だろう、どのような条件が作用したのか判らないが、偶然現れるこの映像を発見する喜びと不思議な現象に一人悦に入っていた。故に、このような日常の遊びの一コマだった影絵が、テレビ画面とはいえストーリー芸術として表現されている状況が刺激的で楽しめたのだろう。

影絵芸術という文化は、アジアでは老若男女が楽しむ伝統芸能として引き継がれている。日本では著名な影絵専門劇団がいくつもあり、かかし座の名前もよく耳にしてきた。これは後藤代表の戦略だろうが、従来の様式だけでなくテレビ等で紹介された『ハンドシャドウショー』や『影絵女子』などの企画を発案し、海外やマスコミに打って出たことも功を奏したのだろう。韓国の劇団との共同制作も記憶にあたらしいし、今回のオーケストラとの共演という大掛かりな本演目にも大いに興味を持っていた。

劇団かかし座『オズの魔法使い』

会場は、大分県別府市の別府ビーコンプラザ・フィルハーモニアホール、開演18時30分。福岡市から二時間弱車を走らせ、駐車場に着くとガードマンが配置されていて、毎回集客に苦労している我々にとってはうらやましい光景だった。猛暑の八月には珍しく曇り空で若干気温も下がった平日の夕方、車からはオシャレな服をまとった女の子たちが親御さんにせかされ急ぎ足で次々と会場へ。ミュージカルで「オズの魔法使い」、なるほど期待が高まるはずだ。受付からロビーへ向かう階段をおりると、そこは開演前から大賑わい、影絵体験コーナーがしつらえてある。これだよな〜、やっぱり影絵は遊びなんだよな〜と心の声が

劇団かかし座『オズの魔法使い』

もれる。壁や布のスクリーンの前では、子どもたちが影絵人形を操ったり、影絵女子から手影絵を習ったりと開演前から大盛り上がり。事前に本番の影絵の操作にも興味がわき、より身近に舞台に見入ることができるはずだ。

会場は、四階席まである馬蹄型、どの席からも舞台が近く、臨場感が味わえる。舞台前のオーケストラピットにはすでに各楽器が準備されている。友達と出会ったのだろう、「〇〇ちゃんがいてうれしかった」と母親に伝える子や、パンフレットを開き会話が弾んでいる親子、オーケストラのメンバーが着席すると「オーケストラがいるよ。」と離れた席から子どもの声が発せられる。感じたことがすぐ声にでる、子どもたちと一緒に観劇する大きな楽しみの一つだ。奏者が各々自分の楽器をチェックしだすと子どもたちが聞き耳を立てる、コンマスのバイオリンに合わせて全体の調律が終わると会場は無音に包まれる。いよいよ開演かと期待が高まる中、荘厳な本ベルが鳴り響き、指揮者が客席に向かい一礼、大きな拍手の後、タクトが振り下ろされ、会場全体が一瞬にしてオーケストラの世界へいざなわれる。我々の舞台劇では到底作れない導入、これはこれで子どもたちに体験してもらいたい世界である。ここから一気にオズの物語の世界へいざなわれる。

ストーリーは、原作物で、映画化や数々の舞台にもなっているので皆まで述べるのも野暮だが、風に飛ばされオズの国に迷い込み、カンザスに帰りたいドローシーと、何かが足りないかかし・ブリキ・ライオンとの旅物語である。脚本（脚本・演出 花輪充）は、原作に忠実であるので、子どもたちにもなじみがあり判りやすいはずだ。舞台には、虹のかかったプロセミアムがしつらえてあり、最初は大きなスクリーンが3枚並んでいる。そこから一気呵成に圧巻の様々な趣向の影絵が写しだされ、俳優たちの達者な演技と唄、伴奏とあいまって物語がずんずん進行していく。各場面の背景はカラフルな静止画やプロジェクションマッピング風の動画が臨場感を醸し出す。スクリーンもいつの間にか5枚に増え、出演者たちは場面ごとに舞台狭しと移動させ、手影絵の動物たちを登場させたり、2本の竿にぶら下がったスクリーンを振り回したり。子どもたちもあらゆる影絵の手法を楽しみながらもドローシー一行と旅をして、ドローシー同様、愛の人になったのではないだろうか。

個人的に最も感銘を受けたのが出演者を含め劇団員総出でこの企画に打ち込んでいる姿勢だ。演出家からは、相当の要求が出されたと思うが、一人ひとりが休む間もなく、俳優・歌い手・影絵操作・舞台スタッフと、プロの技量で何役もこなす八面六臂の活躍で好感の持てる優れた舞台に仕上がっていた。きっと、全員月給制というシステムが劇団への思いや経営への責任、技術の継承に大きな力を発揮しているのだろう。

終演と同時に客席からは万雷の拍手、もちろん帰りのロビーも子どもたちの影絵遊びで大盛り上がり、かかし座の更なる挑戦と、影絵遊びの復権を願って会場を後にした。

ONステージ
児童・青少年演劇評

今こそ「一休さん」から学びたい。

劇団芸優座『一休さん』

作＝平塚仁郎　演出＝村田里絵

野口祐之
清明学園初等学校 教諭

開演前、客席を見渡すと、子どもも大人も幅広い年齢層の方々が、和やかな雰囲気の中、待っていた。子どもたちも、未就学児から中高生と思われる層まで幅広い。

四歳ぐらいの男の子が、お父さんに聞いている。

「ねえ、これから何がはじまるの？」
「一休さんだよ。」
「一休さんてえいが？」
「映画じゃないよ。劇だよ。」
「ええ！　げき、やあだあ。えいががいい！」
「げき、おもしろいよ。一休さん、おもしろいよ。」

劇を観るのは初めてなのかな？　それとも、以前、観た劇が気に入らなかったのかな？

ブザーが鳴り、幕が上がった。

まず驚いたのが、舞台美術。お寺を描いた見事な書き割り。風格のあるお寺の存在感。すごい。「一休さん」の世界にすっと引き込まれる。

元気いっぱいの小僧さん三人組のそうじ歌。オノマトペも効果的で、楽しい。

「聞いたか？　聞いたか？」
「聞いたぞ！　聞いたぞ！」

と、狂言風の言い回しもおもしろい。

和尚さんは、いただいた黒蜜を「大人がなめれば薬。子どもがなめれば毒。」とごまかす。狂言「附子」の設定だ。大人の都合で子どもを黙らせようとするずるい大人をギャフンとさせる展開。弱いものがとんちで、強いものに打ち克つという一休さんの本領が早速発揮される。

劇団芸優座『一休さん』　風格あるお寺の存在感

続いて、将軍様に呼ばれて、とんち勝負をした出来事が思い出話として語られる。語りの途中で、「では、わたしが将軍様になって、やってみよう。」と、おくまさん。みんなで協力して再現劇を行うという演出も興味深かった。

「屏風の虎になわをかけますので、どなたか、屏風の中から外に虎を追い出してください！」というあのとんちも、「橋の端を渡らずに、真ん中通ってきたのです。」というあの有名なとんちも、再現される。おくまさんも和尚さんものりのり。

台詞のやりとりのテンポのいいこと。滑舌のいいこと。何とも小気味いい。

将軍様からいただいたごほうびが、漫画（鳥獣戯画）だったというおまけ話も、へえっと思った。

第二幕が軽快な音楽で上がっていく。自然と拍手がわき起こる。あの「えいががいい」男の子も、ごきげんに手を叩いている。

薬代を吊り上げて、金儲けに走る薬屋に対して一休さんは、「薬代を半額にしてください。」と、真正面からストレートに訴える。

「そんなに下げたら、商売にならん。」と、薬屋は断る。すると、「そもそも、薬を作って売

劇団芸優座『一休さん』　巡礼の旅を装う母と一休さん

ることは、人の命を救う人助けでしょう。薬の値段を下げないというのなら、お寺は、縁を切らせていただきます。」ときっぱり！

　また、先代のお代官様の十三回忌を行う計画を聞かされた一休さん。身分の高い人だけ参加、立派な服装で来てくださいという知らせに腹を立てる。そして、「ぼくはお断りします。先代のお代官様は、大変情け深い方でした。先代を慕う村の人たちが参加できないなんて、そんな法事、意味ありません。」ときっぱり！

　権威を示すために形にこだわる法事の在り方を避難している。一休さんの力説に納得したお役所は、「わかりました。村人のみなさん、あるがままの姿で参加してもらいましょう。そして、おだんごでもふるまいましょう。その方が先代も喜ばれるでしょう。」と、方針を変更する。一休さんは、「世のため、人のため」に、時には頑固になる。相手が強くても、変わらない。この真っすぐな正義感。忖度の微塵もない。

　三人の小僧さんが、夕暮れの中、一時遊ぶシーンも心に残った。舞台美術がやはり素晴らしい。かくれんぼして見つかりそうになると、動物の泣きまねをしてごまかす。観ている子どもたち、大喜び。カラスの鳴きまねが上手い！

　お母さんを思い出して、しんみりする（次の場面の布石）が、一番星を見つけて気を取り直してお寺に帰る。「帰ろ、帰ろ。」とわらべ唄を唄いながら歩く姿は、なんだか切なくなつかしく思えて、胸がいっぱいになった。

　一休は、もとは由緒ある家柄の出。命の危険を回避するため、寺にあずけられた。一休の母が、巡礼の旅を装い、寺の近くにやってくる。段取りがついて、久方振りの対面となった。

　感極まって、お互いに手を差し伸べたまま、静止。この場面！　まさに絵になる瞬間！

　母に会えた喜び、子に会えた感動！　双方の思いがあふれて最高潮！　歌舞伎を観ているような感覚になった。

　しかし、その手を引っこめ、お互いに初対面のように振る舞う。が、情があふれ出ていることが伝わってくる。

　その後、追手がやってきてあわてて母をかくまい、逃がす。別れを惜しんで、ようやく手をとり頬に手を当てる。触れ合うことができた。よかったと思った。

　一人一役、十二人のお芝居。たっぷり物語を楽しんだ。愉快な気持ちにも切ない気持ちにもなることができた。

　あの男の子の声は聞くことはできなかったが、お父さんと手をつなぎ、にこにこ顔で出ていく姿を見送った。

（２０２３年7月30日、こくみん共済ｃｏｏｐホール／スペース・ゼロ）

劇って、やっぱり楽しい！

４年ぶりの「だるま横町井戸端劇場」公演

たかはし ひでかず
（東京都公立学校教員）

２０２３年８月26日（土）・27日（日）、「だるま横町井戸端劇場」は、２０１９年８月以来、４年ぶりに本格的な公演を行うことができました。

■「だるま横町井戸端劇場」って？

「だるま横町井戸端劇場」は、２０１０年にスタートしました。当時ぼくが勤務していた品川区立小学校の子どもたちや、保護者、ぼくの演劇なかまとともに、夏休みを利用して劇づくりをし、毎年８月に上演してきました。公演は、小学生を中心とした劇「子だるま上演」と、おとなを中心とした劇「おとなだるま上演」の２本立て構成で、劇の上演以外にも詩の朗読やダンス、ショートコント、エンディング映像など、年々欲張ってやりたいことに挑戦してきました。

■コロナ禍と「だるま横町井戸端劇場」

２０１９年冬に始まるコロナ禍以降、「だるま横町井戸端劇場」は公演できずにいました。リモートでのワークショップに何度か取り組みましたが、子どもたちからは「やっぱり劇がやりたい」という声が聞かれました。

コロナが少しずつ収束に向かい、昨年夏には観客を限定してのプレ公演、そしていよいよ今年は本格的に上演に取り組むことになりました。

■演劇経験のない小学生たち

今回の「子だるま上演」には、小学３年生から６年生の子どもたちが11名集まりました。そのうち、昨年のプレ公演に参加した子どもたちは５名、その他の子どもたちは演劇の経験がありませんでした。コロナ禍の影響で、小学校では学芸会などの劇活動ができないでいたためです。今回の参加者は、上演も観劇も演劇経験がほとんどない子どもが多く、手探りの劇づくりとなりました。

しかし、だるま横町には、力強い保護者スタッフがたくさんい

だるま横町井戸端劇場のメンバーたち
4年ぶりの公演を終えて
会場のプーク人形劇場前で記念撮影
（後列右端が筆者）

ます。練習会場の手配、舞台セットや衣装の準備、子どもたちへの声かけなど、細かいサポート体制が自然とできあがります。高校生・大学生の参加者たちも、練習に来てくれました。小学生の子どもたちは楽しく練習に取り組み、安心して本番に臨むことができました。

■小学生からおとなまで同じ舞台に

4年ぶりの本格的な今回の公演には、総勢10名もの高校生・大学生らがキャストやスタッフとして参加しました。コロナ禍前には「子どもだるま上演」に参加していた子どもたちが、ひとまわり成長して「おとなだるま上演に出たい」とも来ます。「子だるま上演」と「おとなだるま上演」の2本立て公演をすることで、子どもたちはおとなの上演にあこがれをもち、おとなと同じ舞台に立ちたいという思いを強くするようです。

今回の「おとなだるま上演」では、『グッジョブ！』（作＝山﨑伊知郎、『中学生のドラマ10』晩成書房）という家族劇に取り組みました。中学生向けの脚本ですがぼくの好きな作品で、小学生・中学生・高校生・大学生、そしておとなが登場し、キャストそれぞれが等身大で演技ができると考えたからです。

実際の上演では、小学生からおとなまで同じ舞台に立ち、どの役も迫真の演技で舞台を盛り上げました。この、演劇を通しての世代を越えたかかわりは、「だるま横町井戸端劇場」の大きな特徴です。

■演劇って、やっぱり楽しい

夏休み中に練習をすると言っても、子どもたちも部活や習い事、塾や家庭の予定があり、おとなたちも仕事や家事などがあってそれぞれが忙しい。その合間をぬって練習に参加するのですから、それだけでもすごいことだと思っています。大変だけどやりたくなる、それは演劇の不思議な魅力です。

自分の役を熱心に練習するだけでなく、練習に欠席者がいた場合に子どもでもおとなでも他の参加者が代役をしますが、みんな代役を進んで楽しそうに演じます。自分の役以外の役のせりふも覚えてしまうほどです。また、参加者の中には、予定があって本番には出られないけれど楽しいから練習には参加するといった子どももいます。これらの様子を見るにつけ、ぼく自身、演劇の楽しさや魅力を改めて感じるのです。

■4歳の我が子も

今回の公演では、ぼくの「ひでちゃんのお楽しみ劇場」というコーナーで、4歳と1歳の我が子が初舞台を踏みました。4歳の我が子は、はじめはためらっていましたが、あたたかいお客さんの雰囲気に押されて舞台に上がると、楽しくて仕方がない様子で好き勝手に舞台上を駆け回っていました。自宅に帰ってきてからも、「子だるま上演」で朗読した詩を部分的にだけれど暗誦したり、「おとなだるま上演」のせりふや動きをまねしたりして、いつの間に覚えたのだろうとびっくりさせられました。演劇の不思議な魅力は、4歳の子どもにも伝わるのだと驚かされました。

「来年も上演したい！」という子どもたちの声を支えに、「だるま横町井戸端劇場」は15年目を迎えます。演劇が子どもたちにとって身近であってほしい。子どもたちが、演劇を好きになってほしい。そんな願いをもちながら、これからも「だるま横町井戸端劇場」の公演を、肩肘張らずに楽しく続けていきます。

カーテンコール

舞台をみて考える——民主主義とは？

高学年例会『12人の怒れる男たち』の取り組み

（NPO法人おおいた子ども劇場 事務局）
村上規子

東京芸術座の『12人の怒れる男たち』を9月の高学年例会として取り組みました。高学年例会でホール作品に取り組めたのは久しぶりのこと。九州沖縄「わ・和・輪企画」で、ひとつの劇場、ひとつの県で実現できない作品を九州沖縄の劇場が共同することで実現しようと取り組んだ作品です。

　この作品を「わ・和・輪企画」に提案した鹿児島県から、事前の取り組みとして水俣での共通体験の提案があり、大分からも12名が参加しました。水俣病の二つの資料館、「水俣病センター相思社・水俣病歴史考証館」と「水俣市立水俣病資料館」を見学し、その違いを感じながら、『12人〜』のテーマである民主主義とは何かを考え合うという取り組みで、鹿児島の青年たちが実行委員会を作って企画したものでした。

　私自身、初めての水俣訪問。水俣病について詳しく学んだことはありませんでしたが、40年前に観た関西芸術座の『猫のダンス』という舞台で衝撃を受けたことは鮮明に覚えていました。漁港の猫たちが狂ったように悶え踊りだしたこと、そこから広がった病気の悲惨さ、チッソの社長に水俣湾で汲んできた水を「これが飲めるのか」と迫ったシーンは忘れられないものでした。

　今回実際に水俣を訪れて、何となく知っているつもりになっていた水俣病を、改めて歴史的背景から現状まで知ることになりました。貧しい漁村の人々は他に食べるものがなく、魚を毎日食べ続けていたことで発症していった。病気になると、栄養のある物を食べさせようとして魚を与える、さらに病状が悪化するという状況。始めは奇病・伝染病といわれ、近所づきあいを断たれたり、罵られたりしたことで、病気にかかったこと以上に苦しんだ。熊本大学等の研究で原因が解ってきてからも、原因企業であるチッソは自社の排水が原因とは認めずに操業を続け、被害が拡大していった。責任を認めさせるための交渉、裁判、座り込みや直談判など、長い年月をかけて認めさせていった。ようやく国の認定も出て賠償金が支払われることになると、今度は認定を求める被害者宅へ近隣住民からの投石、張

【上】九州沖縄の劇場が共通して取り組んだ東京芸術座『12人の怒れる男たち』のチラシ
【右】水俣病の資料館で学ぶ

り紙、誹謗中傷が後を絶たない。「金が欲しいのか」「強欲だ」などとなじられ差別される。それを恐れて申告できず、泣き寝入りするしかなかった患者が数多くいたこと。また罹患者は広範囲に広がっていたが、住んでいる地域によって認定されないなど、制度上の問題で救済されない被害者が多数で、いまだに裁判が続いていること。メチル水銀の影響を受けていると認定された人は8万人。その中で水俣病と認定された人は僅か2千300人足らず。ほとんどの人が何の救済も受けられていないという現実。

ここには書き切れない悲惨な実態を初めて知り、とても重苦しい気持ちになりました。

民主主義とはなんだろう、私たちの国の民主主義には何が足りないのだろう。水俣のグループ討議で話し合いました。そしてその後も思い続ける中で、高学年例会当日を迎えることになりました。

東京芸術座『12人の怒れる男たち』も、私自身今回が初めての観劇でした。

物語は、1950年代末のニューヨークで起きた殺人事件。スラム街に暮らす18歳の少年がその父親をナイフで刺して殺したことが確実視される裁判で、無作為に選ばれた12人の陪審員が少年の有罪・無罪を争って議論するドラマです。

誰もが有罪に手を上げるであろうと思われた予備投票で、ひとり陪審員8号が無罪に投じたことから物語は始まりました。「合理的な疑い」をひとつひとつ提示して議論する12人。その中でひとりひとりのバックグラウンドが明らかになり、偏見や思い込み、差別意識が露呈していきます。白熱した議論を通じて、それらの思いから解放され、乗り越えていく中でひとり、またひとりと無罪へ転じていく姿を、観客も陪審員のひとりになったように固唾を飲んで見守っていました。子どもたちもだんだんと前のめりになり、時折笑い声を上げながら真剣に見入っていました。理解しているだけではなく、物語に入り込んでいる。これは本当にすごいと感じました。

全員が無罪に投じた後の安堵と清々しさ。鳴りやまない満場の拍手は感動的でした。

そして、舞台を観終わった後、「民主主義ってなんだろう」という問いかけがまた蘇ってきました。

私たちの国は民主主義の国だといわれます。それは本当なのでしょうか。

言葉どおり「民」が「主体」ということが民主主義であるならば、制度の上では民主主義の国なのかもしれません。しかし、『12人の怒れる男たち』と水俣共通体験が教えてくれたのは、制度だけでは本当に平和で安心して暮らせる国にはなれない、民主主義は完成しないのだということでした。差別や偏見のない人権感覚、弱者の立場に立てる想像力など、主体者のひとりひとりが豊かな人間性を育てていける世の中にならなければ、真の民主主義は実現できないのだと。

そう考えていくと、文化芸術の大切さを改めて実感させられます。生の舞台とあそびを通じて人をつなぎ育ちあっていく、私たちのやっている活動は真の民主主義を育てることにもつながっている。頑張らなければ！

子ども劇場の活動をまたひとつ深く捉えることができた『12人〜』の取り組み。まだまだ事後交流会は続いています。

カーテンコール

とらまるパペットランド 特別周年期３カ年プロジェクト

（東かがわ市とらまるパペットランド施設長／一般社団法人パペットナビゲート代表理事）
貴志 周

国内唯一の人形劇のテーマパーク「東かがわ市とらまるパペットランド」では、本年、「**２０２１～２０２３特別周年期３カ年プロジェクト**」の３年目を迎え、様々な特別企画を実施しています。

特別周年の概要は、全国からプロ劇団を招聘し年間１２０回以上の人形劇公演を開催している「**人形劇場とらまる座**」が２０２２年９月に**開館30周年**を迎え、同10月、当施設の運営団体「**(社) パペットナビゲート**」**設立10周年**、２０２３年３月に「**とらまる人形劇ミュージアム**」**開館20周年**、２０２３年度は「**東かがわ市とらまるパペットランド**」**設立20周年**（東かがわ市制20周年）を迎える……というものです。

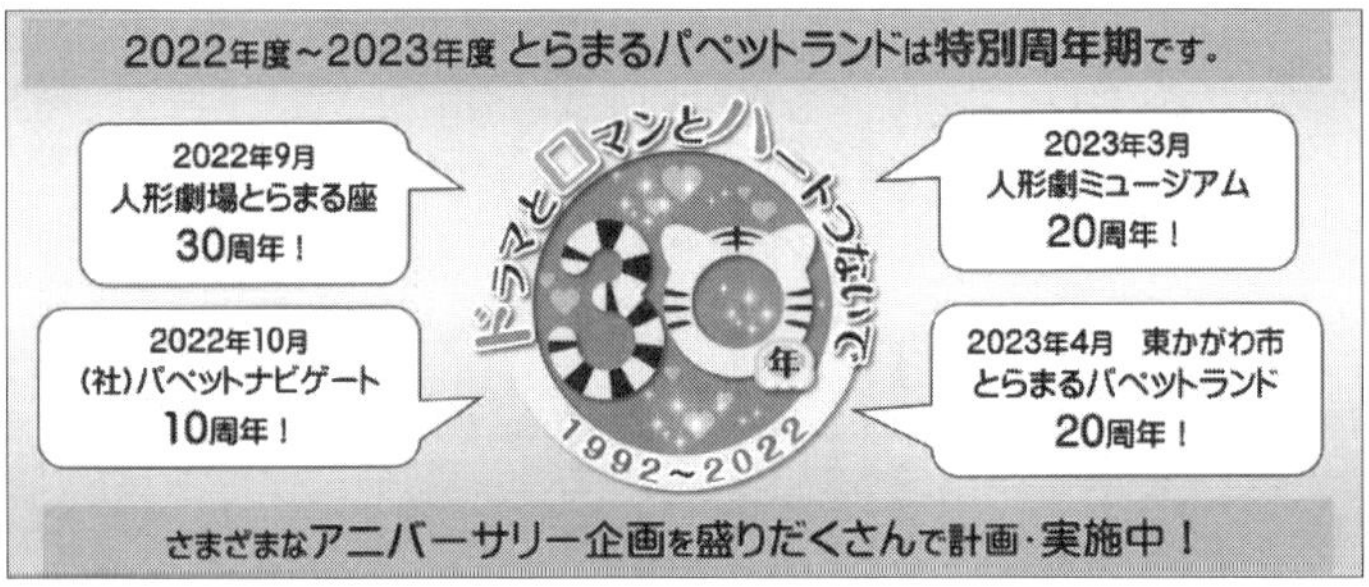

特別周年の案内から

《２０２１年度の特別企画》

前２０２０年度からのコロナ禍が続く中ではありますが、２０２１年度は特別周年プレ企画として、３劇団合同公演や大型舞台人形劇作品等の特別公演5企画（計12公演）の開催のほか、人形劇ミュージアムでは全国専門人形劇団協議会（全人協）との連携企画「人形劇の世界展」にて16劇団の劇人形展示を開催しました。

《２０２２年度の特別企画》

２０２２年度は、本プロジェクトの主軸となる「人形劇場とらまる座開館30周年」を冠に、コロナ禍を経て３年ぶりとなった海外劇団公演２企画、日本ウニマ（国際人形劇連盟ＵＮＩＭＡ日本センター）総会企画、バレエ団体との共同創作公演等の特別公演８企画（計15公演）、アウトリーチ人形劇イベント２企画、人形劇ミュージアムでのとらまる座30周年記念展示企画を

2022年特別公演・海外劇団プログラム
アルファ劇場（チェコ）
『ZORRO～怪傑ゾロ～』の舞台

開催しました。

また、他団体との連携事業として、全人協の「専門人形劇演技者育成事業〜香川講座（2企画）」「多世代鑑賞の人形劇公演（2企画4公演）」、東かがわ市わくわく課「パペットカルテット・プロジェクト」における創作公演イベントを実施しました。

《2023年度の特別企画》

3カ年特別プロジェクトを締めくくる本年は、まさに目玉企画目白押しです。5月ゴールデン・ウィーク（GW）には国内の老舗・大手人形劇5劇団を招聘しての「GW特別日替わり公演＋アフタープログラム」（5企画10公演）開催、7月は前年創作の「バレエ&パペットシアター☆コッペリア」に子どもバレエキャストを加えて新演出再演（3公演）、他団体（エーシーオー沖縄）共同制作公演『うむしるむん』（2公演）開催、8月は海外・国内共同創作『カモメに飛ぶことを教えたドラ猫の物語』（2公演）、アウトリーチ事業：地域文化会館特別公演『ピン・ポン』（2公演）を開催しました。12月には発案から3年がかりでのプロデュース企画——2劇団（人形劇団クラルテ＋人形劇団京芸）の合同創作公演『桜吹雪・兄弟茶碗が行く』（2公演）が控えています。全人協との連携事業も拡充し、今年度は育成事業6企画・多世代鑑賞4企画（4公演）を計画・実施中です。

2023年『バレエ＆パペットシアター☆コッペリア』には子どもバレエキャストも出演

3カ年プロジェクトを企画・実施するにあたり、私自身、企画制作・芸術監督・創作演出を担う者として、文字通り、大変（で）充実した毎日を過ごしております。とはいえ、片田舎の小さな運営団体の身では、全てがギリギリの綱渡りなのが実状です。ご来場の方からの「おもしろかった、また観たい」／招聘劇団やキャストからの「この企画は毎年してほしい」……といったお褒めの声をいただきながらも、至らない点や不手際により関係の方々には心労・苦労おかけすることも多々ありまして、達成感と懺悔の日々でした。実は、この原稿も、10月29日（日）が〆切なのですが、この日が「とらまる人形劇カーニバル2023」の開催最終日でして、先ほど打上げが終わったところで……執筆しております。

「あーしんどかった、もう二度とこんなことやらん……」と思いながら「もっと面白いこと、またやりたいなぁ」とも思う。創造性の本質というのはそういうものかもしれません。また10年（8年）後に訪れる次の特別周年期に向け、人形劇の奥深い魅力を多くの人々に伝えるべく、これからも邁進していきたいと思います。

カーテンコール

受賞

日本児童青少年演劇協会賞に鈴木龍男さん

鈴木龍男さん

■受賞理由■

劇団前進座に入座以来、前進座を中心に児童青少年演劇・歌舞伎・時代劇の脚本・演出・舞台監督に従事。
また他劇団の多数の児童青少年演劇作品の演出、特に2022年の『もういいかい　まあだだよ』の演出は高い評価を得た。

公益社団法人 日本児童青少年演劇協会では、一九五一年（昭和26）以来、「日本児童青少年演劇協会賞」を設け、年間を通じて、児童青少年演劇・学校劇に貢献された個人や団体を表彰している。

二〇二二年度賞は「選考委員会」で慎重審議の結果、鈴木龍男さんに贈られることになった。同協会総会の席上、選考経過の発表が行われ、森田勝也会長から鈴木氏（当日は仕事のため代理の新井氏）に、賞状と盾、副賞として五万円が贈られた。

鈴木龍男さん（すずき・たつお）■**略歴**

・1953年（昭28）新潟県生。
・76年、二松学舎大学卒後、前進座文芸演出部に入座（現在、前進座座友）。以後、前進座を中心に、児童青少年演劇・歌舞伎・時代劇の脚本・演出・舞台監督に従事。

【劇団前進座での活動】

・1987年、宮沢賢治原作『よだかの星』で初脚本。91年、アイヌ神謡『風のユーカラ』で初オリジナル脚本・初演出。以後、前進座での主なる活動。

▼近年の児童青少年演劇の主な演出作品　いわむらかずお原作・脚本『トガリ山のぼうけん』／いわむらかずお原作・鈴木龍男脚本『かんがえるカエルくん』／松谷みよ子原作・山本響子脚本『龍の子太郎』／大坂屋八甫作『髪飾不思議仕掛』／新美南吉原作・鈴木龍男脚本『花木村月夜奇妙』

▼創作劇作品の主な演出作品　中江良夫脚本『伝七捕物帳―捕り縄慕情』／有吉佐和子原作・津上忠脚本『出雲の阿国』／幸田露伴原作・津上忠脚本『五重塔』／松本清張原作・鈴木幹二脚色『或る「小倉日記」伝』

▼歌舞伎作品の主な演出作品　河竹黙阿弥作『三人吉三巴白浪』『梅雨小袖昔八丈―髪結新三』／鶴屋南北作・小池章太郎改訂『謎帯一寸徳兵衛』／三遊亭円朝原作・平田兼三脚本『人情噺・文七元結』

【他劇団での主な演出作品＊児童青少年演劇作品のみ】

仲間『ふたりのイーダ』・『飛ぶ教室』・『森は生きている』／ひとみ座『イヌの仇討』・『シュレミールと小さな潜水艦』／陽だまり『樹の祭り』『ジェッペットおじいさんの仕事部屋』／たんぽぽ『ウニマルじゃ！』／らくりん座『おこんじょうるり』／CAN青芸『さよなら、花ちゃん』、他多数。

▼（公社）日本児童青少年演劇協会の企画制作の演出作品　新井浩介作『Dr.急患です！』（21年）／森田勝也作『もういいかい　まあだだよ』（22年）

●受賞のことば

日本児童青少年演劇協会賞をいただいて

鈴木龍男
前進座

一九七六年に大学を卒業してすぐ前進座に入り、今年四十七年目になります。現在前進座では、座友として若い世代の育成に力を貸しております。大学には、国文科に入り、国語教員の道を目指しておりましたが、卒論で説経節を研究し、丁度卒業時に前進座の『さんしょう太夫』と出会ったことで進路変更、前進座の文芸演出部に入れていただくことになりました。演劇の実践経験のなかった私を現在まで導いて下さったのは、座の諸先輩と仲間たち、そして演劇界のたくさんの友人たちです。あらためて、感謝申し上げます。

思えば、この四十七年間は、演劇の道で右往左往しながら、がむしゃらに歩き続けてきた日々でした。前進座演出部の場合、すべて舞台監督助手からの出発で、釘一本満足に打てなかった私を叱咤し、鍛えてくれた他界された諸先輩をはじめ大道具、小道具、照明、音響など現場スタッフの皆さん、関係するプランナーの先生方から様々なことを学び蓄積してきたことが私の宝となりエネルギーとなっています。

最初の脚本は、宮沢賢治の『よだかの星』でした。座の先輩十島英明氏の演出で何度も書き直して上演にこぎ着けたことを覚えています。そして、初めてのオリジナル作品は、アイヌの神謡を題材にした『風のユーカラ〜オキクルミと魔神』でした。知里幸恵さんの『アイヌ神謡集』に魅せられ、先住民族としてのアイヌの価値観や自然観に夢中になりました。なんとか、この世界を子どもたちのための舞台にできないだろうかと北海道二風谷まで自費でロケハンに行き、今は亡き萱野茂さんにアイヌ文化の神髄を聞くことができました。劇中にはアイヌに伝承された唄や踊りをふんだんに取り入れ、直接伝承している方から時間をかけて稽古をつけていただき上演しました。この作品は、多くの学校公演や子ども劇場おやこ劇場で上演することができました。この二つの作品は、私にとって、児童青少年演劇の原点とも言えるものだと思っています。

私の名前は鈴木龍男ですが、仲間たちから「鈴木」と名字で呼ばれることは、ほとんどありません。「たつお」「たつおさん」「たっちゃん」などと呼ばれています。この呼ばれ方が私はとても気に入っています。名前の由来を親に聞いたことはありませんが、親しみをもって「たつお」とよばれる度に、たくさんの仲間たちに支えられてると実感するのです。舞台を観てくれた子どもたちの笑い声は何にも代えがたい命の水です。これまで、歌舞伎・時代劇・児童青少年と幅広い舞台に取り組んできましたが、この度の受賞と今年七十歳になるのを機に児童青少年演劇中心に活動のシフトを切り替えていこうと考えています。さらに一層輝く舞台を産み出して行きます。皆様と共に、子どもたちとともに、気持ちの良い汗を流していきたいと思います。

（公社）日本児童青少年演劇協会企画制作
『もういいかい まあだだよ』の舞台
（森田勝也作、鈴木龍男演出/2022年）

追悼　田中　誠さん

まこっちゃん、お疲れ様…またね！

山根起己
人形劇団ポポロ

田中　誠さん　俳優。劇団仲間代表。『森は生きている』（おおかみ）や、『小さい"つ"が消えた日』『見えない友達』『青い図書カード』などに出演。日本児童・青少年演劇劇団協同組合理事。本誌編集委員。二〇二三年八月十七日逝去。享年五十八歳。

「まこっちゃん」酒席での彼の呼び名を付けたのが記憶に新しい。

彼は普段あまり多くを語らないが、肝心な時には助言をくれた。今や少数派である喫煙仲間であった。喫煙所に居る時間は雑談交流に最適な時間だった。たわいもない話から深刻な話まで……。

初めて会った日は、劇団仲間のアトリエ公演を観に行った後だった。今は亡き小田芳信さんに誘われ新青梅街道沿いの中華料理屋へ行った。その時一緒に居た田中くんは、如何にも仲間の俳優といった雰囲気を纏っていたことは記憶に残っている。あまり積極的に話す感じではないが、周りの人達が話す様子を観ながら楽しんでいる様子だった。

はっきりと人物像が見えたのは、各地で子ども・おやこ劇場が開催している企画説明会の作品説明の時だ。彼はその日に初めて説明会に参加したらしく、緊張した面持ちで小田さんの横に座っていた。北信越、この地域は説明会が幾度か繰り返される方式で、グループ分けされた各創造団体が時間ごとに点々と説明を聞く側の部屋を巡る。

何カ所か説明を終えた後、仲間の作品説明を小田さんから彼にバトンタッチした。その途端、彼の顔が赤らみはじめ、額には汗が噴き出し手が震え、その様子を見ているこちらにも心臓の鼓動が伝わるぐらいの緊張状態であった。しかしそれも初回だけ、次から用意した資料を元に落ち着いた様子で説明していた。そこは流石、老舗劇団の俳優であった。

ある時、煙草に火を付けながら、何かを言いたそうに私の顔に視線を投げてくる。こんな時は「どうしたの」と一言聞いただけで、堰を切ったように言葉が飛び出してくる。「いま劇団で話し合ってることなんだけど……」こんな会話を度々繰り返していた。なかでも、劇団社屋の売却処分を検討している話、『森は生きている』の九州公演についての話、劇団仲間にとって転機となる話だけに自身の思いを話し、自分の思いが間違ってないことを確認したかったのだろう。牽引力や統率力を求められる悩みの尽きない代表という立場、苦悩を抱えた日々だったと思う。しかし、どんな時も仲間の作品がどうしたら観客と繋がるのかを考えて行動していた。

彼とのＬＩＮＥは九割酒宴、一割相談だった。酒席では繋ぎ役となり、緩衝の役割を持っていたように感じる。ビール好きで、あっという間にジョッキが空になる。常に飲み放題がトレードマークの様な人だった。あまり料理には手を出さず、周りの話を肴に飲んでいた。優しい笑顔と惚けた表情で場を和ませてくれる存在だった。時折頑固な一面も見せたが、決して感情的になったりせず冷静さを失わなかった。

芝居が好きで、いつも図書館で借りた本を宝物のようにバッグに詰め、これからの舞台として取り組むべく作品を模索していた。普段は猫背で頼り無さげに見えたが、舞台の上では生き生きとした立ち振る舞いで、役者としての品格を漂わせていた。以前、大道具のバイトをしていたらしく、事あるごとにゴツゴツした手で他劇団の仕込みバラシを率先して手伝う姿が瞼に焼き付いている。どんな劇団にも敬意をもって接する彼の姿は眩しかった。

まこっちゃん、お疲れ様でした、またね！

追悼 木村 繁さん

新しいものを求め続けて

ふじたあさや
劇作家・演出家

木村 繁さん 作家・演出家。人形劇団むすび座を経てフリーに。オブジェクトパフォーマンスシアター、結城座、ひとみ座などと新作を創る。(一社)日本演出者協会理事、(特非)愛知人形劇センター理事、人形劇学校パペットアーク校長などを歴任。二〇二三年十一月二十七日逝去。享年七十五歳。

人形劇団むすび座の作家・演出家として、日本演出者協会の理事として、長年活躍してこられた木村繁さんが、十一月二十七日、亡くなった。持病の心臓疾患が原因と伺った。

木村繁さんは、敗戦から三年目の一九四八年、長野県の飯山で誕生した。名古屋の大学時代、アルバイトで前進座の名古屋事務所を手伝ったのがきっかけで、前進座に入り、劇作を津上忠氏に学び、さらに東宝現代劇戯曲科で学び、その後、秋浜悟史に師事しようとしたが、彼が関西に移住したので果たせなかったのだという。

私のもとには、その秋浜の紹介でやってきた。私はちょうど劇団えるむで、『ベッカンコおに』など、一連の児童劇を作っているところで、彼にはそれらの演出助手をやってもらった。

初めて、作家としての彼と、演出家として付き合ったのは、前進座の西山三郎氏の制作で、松谷みよ子さんの『おときときつねと栗の花』を、武蔵野文化事業団の主催で公演した時だった。松谷さんが喜んでおられたのを思い出す。

その次に、作家の彼と出会ったのは、彼がもう名古屋へ行ってむすび座へ入ってからのことだった。「舞台にあるのはロープ一本と人形だけ。それだけで人形劇が出来ないかな。」と言いだして、それを実現するために手を貸した。その時しみじみ思ったのは、「こいつ、絶えず新しいことをやっていないと、気が済まないんだな、」ということだった。すべてを見ているわけではないが、その印象はその後の作品でも変わらない。近年は、日本語の語りの可能性に賭けていて、筑前琵琶、甚目寺説経源氏節、常磐津など様々な伝統的な語りを、表現の武器にしようとしていた。それは私の関心と重なり合うものだった。

最後に彼と共同作業をしたのは、二〇一六年十二月、名古屋能楽堂で上演された拙作の『出雲の阿国』(文化庁・日本劇団協議会主催公演)で、彼は、分野を超えて集めた名古屋の俳優たちと、分野を超えた手法で楽しんでいた。私はその時、「どうです、先輩、これで及第でしょうか?」と聞かれているような気がしたのである。

絶えず新しいものを求め続けて、気がつくと伝統を遡っていた木村繁だったが、本人が意識するよりもっと多くの足跡を、名古屋の人形劇界、児童劇界に、そして日本演劇界に残していたのだと思う。

繁。そちらへ行ったら、また一緒に芝居作ろうな！

感想

『げき』を読んで

『げき26』読者から

コロナ禍の厳戒態勢を乗り越えてくださってありがとう

楠本知恵美　ＮＰＯ法人こども未来ネットワーク

　アフターコロナの今、決してコロナがなくなったわけでなく共存する時代になりましたね。昨年は創造団体主催の鳥取県公演のお手伝いもさせていただき、公演を楽しむことができるようになり喜んでいます。今年来年と子どもたちにたくさん生の舞台が届くことを期待します。

　創造団体のコロナ禍での取り組みは「ありがとうよく頑張ってくださいました、これからもよろしく」と読ませていただきました。存続をかけた大変な思いと、クラウドファンディングの取り組みなど読ませていただきました。子ども劇場の取り組みは素晴らしいと再認識ですね。若い人の活動できる団体をうらやましく読ませていただきました。柔軟な対応にはしっかりした思いがなくてはいけませんね。子どもを真ん中に置き、どうしたら子どもたちが生き生きとしていられるのかを考え取り組んでいく。子ども劇場はまさにその取り組みばかりです。

　学校の中ではマスクでの生活、黙食での給食でした。ようやく楽しく触れ合えるようになってきましたので、この三年間の異常な生活がもとに戻りますように願うばかりです。

　脳科学のコーナーでは昔勉強した「異化体験」「同化体験」を思い出しました。劇を外ら眺めたり、主人公になりきったりと……。健全な脳の発達のために私たちは何ができるかを考えて活動していかねばと読ませていただきました。

『げき26』読者から

『げき26号』を読んで力をいただきました

八木美恵子
幼稚園教諭／劇あそび勉強会

「コロナで何が変わったのか?」というタイトルに惹かれて、『げき26号』を読み始めました。最近、乳幼児の子どもたちと一緒に活動する時に、コロナによる生活の中の制限がなくなったはずなのに、子どもたちの様子に以前と違う違和感を感じていたからです。

読み始めて、いきなり最初から泣きそうに(笑!)なりました。劇団風の子の仮屋祐一さんが書かれた「公演後の子どもたちの声」。小学校の先生北里さや子さんが書かれた「そんごくうの劇での子どもたちの言葉」。「げき」によって、子どもたちの心の中にある「言葉」が溢れてくる様子が伝わって来ました。

けれども、巻頭言のふじたあさやさんの「子どもの文化はこの国では、二の次三の次にされている」、劇団うりんこの平松隆之さんの「不要不急という言葉と戦うことを余儀なくされた」など、「げき」が大切にされていないと書かれている所には、はがゆく悔しい気持ちになりました。今、私が子どもたちをとりまく「げき」の環境に感じている違和感は、コロナ禍で、ますます追いやられてしまった「げき」が、遊びの場に十分に戻って来ていないからなのかもしれない、と思いました。

それでも、その後のページは、たくさんの親子劇場での活動の様子や、鹿児島の子ども劇場の水谷明音さん、子どもたちとの演劇ワークショップを開いている西脇さやかさんのエッセイへとつながっていきました。どんな状況の中でも「げき」を大切にしようとする大人に守られて、子どもたちが力強く活動する様子に、わくわくしました。

子どもたちにとって(大人たちにとっても)「げき」は「重要大切」なもので、ご飯を食べるように、「げき」を観たり表現したりして、子どもたちは、元気に大きくなって行くのだと思います。この『げき26号』の中には、それを大切にしている人がたくさんいました。大変なことだらけかもしれないけれど、踏ん張ってがんばろう。同じ思いの仲間がここにいるから大丈夫。そんなふうに、力をいただいた一冊でした。

［戯曲］ 舞台アート工房・劇列車 上演作品

さちの物語
～一番聞いてほしいことは、一番言いたくないこと

脚本――かまほりしげる

【登場人物】

■俳優
さち（中学校3年生）
正（中学教師）

■人形
さち（小学校4年生）（人形）
若い男（人形）
嫁（人形）
貧乏神（人形）
福の神（人形）

※この人形演劇では、人形遣い2人のみですべてが進行する。

舞台は、中学校人形劇クラブの部室。

部室の壁には「文化祭まであと10日」とある日めくりカレンダー（日にちの数字の部分を取りかえ可能にした日めくり式）。

舞台の奥には人形劇のセットが組んである。（ただし書き割りは、劇の冒頭時点では袖幕にはけてあり、客席からは見えない）。書き割りの前には、人形けこみがある。

舞台下手には机と椅子がそれぞれ一つずつ。

舞台上手には椅子一脚。

部室の上手に白い机がある。このエリアは、さちの記憶のエリアである。机の上には、

「田中さち、どろぼう！」

と、乱暴な字で書きなぐられた落書きが、立てかけられている。

机の横には椅子が一脚置かれている。

舞台アート工房・劇列車『さちの物語』
2023年12月17日、損保ジャパン人形劇場ひまわりホール

1 プロローグ～さちとさち①

開演のチャイム。

正が出てきて、下手（廊下の壁）に**「DVを見せられることも虐待です」**と書かれたポスターを貼ってから去る。

しばらくして、体操服（ジャージ）姿の中学3年生のさち（**仮面を持っている**）が、「DVを見せられることも虐待です」のポス

ター横を通って、部室に入る。

中学3年生のさちは、ポスターに見向きもしない。そもそも目に入らない。

さち（中3）は、日めくりカレンダーを「あと9日」に代えたあと、通学リュックを机の横に置いて、部室の奥に消える。

やがて、舞台衣装に着替えて出てくる。

さち（中3）は、机横の椅子に座る。それから「貧乏神と福の神」の人形劇台本を出す。次に退部届を取り出す。退部届をじっと見つめ、机に突っ伏す。

どこか遠くから校内放送が聞こえてくる。

校内放送　♪安徳小学校のみなさん、おはようございます。今日は5月21日、家族ふれあいの日です。一日元気で過ごしましょう。

校内放送に合わせて、さち（小4）が記憶のエリアに現れる。現れたさち（小4）は、記憶のエリアの落書きをじっとみつめる。

さち（中3）は起き上がり、上手の記憶のエリアに置かれた「田中さち、どろぼう！」の落書きをじっとみる。

さち（中3）　（独白）あたし、ドロボウじゃない！

さち（小4）　……。

さち（中3）　あの担任がパパにチクった。あんた、お金とってないのにね。

さち（小4）　……。

さち（中3）　あの晩のこと覚えてる？　おぼえてるよね、あんたはあたしなんだから。

さち（小4）　……。

さち（中3）　あの日の晩、パパがママをお風呂場に引きずってった、髪の毛ひっつかんで、水の中にママの頭つっこんでんの。ママ、おぼれそうになってた。……マジうける！……あれからあたし、学校いかんようになった。

さち（小4）　（中3さちをみる）。

さち（中3）　修学旅行も行っとらん。

さち（小4）　……。

さち（中3）　まっ、あたしんちおカネないしね。

沈黙の間。

さち（中3）　（わざと明るく）どうにかなるって。

さち（中3）は人形けこみに入る。

さち（中3）　あたし、中学マジメに行きよると。みて、ここ。

さち（小4）は、記憶のエリアの椅子に座る。

さち（中3）　人形劇クラブの部室。あたし、タダシからさ、文化祭で人形劇やるから入部しろって誘われたと。あたし、どう返事したと思う？

さち（小4）　……。

さち（中3）　やる！って言った。

さち（小4）　……。

さち（中3）は、さち（小4）から目線を外し、貧乏神人形を取り出し、動かしはじめる。

さち（中3）　（人形を手に取り）なんか変わるかもって思うたっちゃけどね。

さち（小4）　……。

さち（中3）は貧乏神人形をしまう。

さち（中3）　やっぱムリ。

さち（小4）　……。

さち（中3）　あたし、中学出たら働く。

さち（中3）は人形を放り出して机まで行き、さち（小4）に退部届を見せる。

さち（中3）　（小4さちに）これ、退部届。

さち（小4）は、じっと退部届をみつめる。

さち（中3）　あの台詞、あたし、絶対言えん。

さち（小4）は、記憶のエリアの落書きをみる。

さち（中3） 退部するしかないよね。
さち（小4） （中3さちをみる）。
さち（中3） えっ？ 苦しいかって？……うん、苦しい。
さち（小4） （中3さちをみている）。
さち（中3） お面？……うん、つけるとわりとラクだね。
さち（小4） （中3さちをみている）。
さち（中3） え？
さち（小4） （中3さちをみている）。
さち（中3） お面はずせって？
さち（小4） （うなずく）。

さち（中3）は、**仮面をつける**。

さち（中3） せからしか。どっか行って！

さち（小4）は上手を向く。そして去る。

さち（中3） （ポツンと） どうせ……。

2 稽古

校内放送 ♪（ピンポンパン）文化祭の準備終了まで、あと30分です。校内に残っている生徒は、片づけをはじめて下さい。繰り返します。文化祭の準備終了まで、あと30分です。

さち（中3）は、退部届をもう一度みて、リュックにしまう。

さち（中3） よし……。

さち（中3）は、台本をじっとみる。さち（中3）は、稽古前の台詞チェックをはじめる。

さち（中3） むかし、むかし。ある村に若者がおりました。この若者、一生懸命働きますが、くらしはちっともラクになりません。

正が部室に入ってくる。

さち（中3） ……それは貧乏神がいたからです。……う～ん。
正 「みるにみかねた村人たちは」だろ。
さち（中3） サンキュー、タダシ。

さち（中3）は立ち上がり、稽古のために書き割りを出しにいく。

正 （その背後から）正先生。おまえの顧問だぞ。
さち（中3） いいじゃんタダシ。
正 ……まったく。
さち（中3） （舞台奥で台詞チェックを続ける）みるにみかねた村人たちは、この若者に、嫁をとらせることにしたのです。……

さち（中3）は、書き割りを出し終える。

さち（中3） これでよし。
正 黒子面は？
さち（中3） あっ。
正 あと30分しかないぞ。早くつけてこいや。
さち（中3） はーい。

さち（中3）は机のところに行き、椅子に座って黒子面をつけ始める。
正は稽古に使う人形を出し始め、さち（中3）をチラリとみる。人形を出しながら、

正 （人形たちを出しながら）今日はしゃべるとや？
さち（中3） （黒子面をつけながら）なんを？
正 （さちをみて）あの台詞たい。
さち（中3） …… （立ち上がる）。
正 ……どうしたや？
さち（中3） ……どっからする？ 大晦日のとこ？
正 ……うん。……じゃあ、音からいくぞ。
さち（中3） はーい。

正は、人形けこみに隠れて音を入れる。

①大晦日の夜

木枯らしの音。

貧乏神（さち）が現れる。家の中を歩いて戸口に向かうが、途中で立ち止まって振り返ったりする。戸口に到着する。外に出ていこうとするが、やはり立ち止まる。つまり、出ていきたくないのである。誰かがやってくる気配がして、貧乏神は隠れる。

嫁がやってくる。窓から外をみて、

嫁(正)　（振り返って）あんた！

若い男（正）がやってくる。

貧乏神（さち）が、そっと顔をだして様子をみる。

嫁(正)　（若い男に）雪だべ！

嫁（正）は、窓から外をみる。

嫁(正)　うぅ、さむい。

若い男(正)　（窓に近づき）明日の正月はつもるべえ。

嫁と若い男は、窓から雪景色を眺める。

貧乏神（さち）は、そっと二人に近寄る。そして、一緒に外を眺める。それから、嫁に近寄る。

嫁(正)　ん？（貧乏神をみて）ワッ。

若い男(正)　（貧乏神をみて）おめえ、だれだべ？

貧乏神(さち)　……。

若い男(正)　どっから入っただ？

貧乏神(さち)　入ったんでねえ。住んでただ。

若い男(正)　ハァ？

貧乏神(さち)　おら貧乏神だぁ。

若い男(正)　びんぼうがみぃ？

貧乏神(さち)　おら、でてくだよ。

若い男(正)　でてく？　なしてでてくだ？

貧乏神(さち)　おめえら、よう働くべ。

若い男・嫁(正)　（顔をみあわせる）。

貧乏神(さち)　ここにゃもう住めねえ。

貧乏神（さち）は、戸口に向かう。

若い男(正)　どこさいくだ？

貧乏神（さち）は、外に出る。

若い男(正)　いくあてあるだか？

貧乏神(さち)　ねえ。（くしゃみ）ハックション。

若い男(正)　おってくだっせ。

貧乏神(さち)　えっ？……どしてだ？

若い男(正)　どしてって、どしただ？

貧乏神(さち)　おら嫌われモンだべ。

若い男(正)　なに言いてえだ？

貧乏神(さち)　おら、皆からきたねえ、くせえ、あっち行けって言われるだ。

若い男(正)　なあに、おらたちも似たようなもんだべ。貧乏神さま、外はしばれるべ。

貧乏神(さち)　（くしゃみ）ハックション。

若い男(正)　風邪ひくべ？　さっ、奥にあったけえ布団ばしくだよ。

嫁(正)　ささっ、早く入るだよ。（若い男に）ね、あんた。

若い男(正)　（うなずく）。

貧乏神(さち)　……おら、そったらこと言われたのはじめてだ。

貧乏神は、再び家の中に入ってくる。

貧乏神(さち)　ありがてえ。

若い男(正)　なあに、礼なんていらね。（嫁に）さっ、布団ばしくべ。

嫁(正)　（うなずく）。

若夫婦は歩き出す。躊躇する貧乏神に気づいて、

若い男(正)　ついてこいや。

貧乏神(さち)　んだ！

貧乏神は弾んでついていくが、ハッとして急に戸口に戻って外をうかがう。

若夫婦は振り返る。

貧乏神（さち） やっぱり出てくだ。

若い男（正） どしただ？

貧乏神（さち） 福の神が来るだ。

若い男（正） ふくのかみぃ……。

貧乏神（さち） 除夜の鐘が鳴りゃ交代だ。おら出てくだ。


貧乏神は戸口を向く。


若い男（正） 福の神が来てもおったらええべ。

嫁（正） 福の神がきても、おめえさまおったらええ。

貧乏神（さち） （若夫婦に）でも一つの家に神様一人だべ。掟だべ。

若い男（正） なあんも気にするこたね。

嫁（正） （うなずく）。

貧乏神（さち） そうだべか？

若い男（正） んだ。

貧乏神（さち） そだべな。


除夜の鐘が鳴る、「ゴーン」。


貧乏神（さち） くるべ！

若い男（正） （うなずく）。


貧乏神は戸口に向かう。どこから福の神がやってくるか、キョロキョロする。

再び鐘の音、「ゴーン」。


貧乏神（さち） どっからくるだ。


福の神が家の屋根の上に姿を現す。屋根の上をすーっと動いて消える。

三度目の鐘の音、「ゴーン」。


貧乏神（さち） （独白）よし。

福の神（正） （声）ワッハッハー。

②福の神と貧乏神

福の神が、勢いよくヒョイと飛び上がって出てくる。

貧乏神は後ずさる。


福の神（正） （観客の方を向いて）福の神ぞよ。（戸口の方を向いて）たのもう。ワッハッハー。

と笑いながら、福の神は再び飛び上がる。そのままふわふわ空中を飛んでいく。そして、身構えた貧乏神を通りこして、ゆっくりと家の中に着地する。


福の神（正） （もったいぶって観客に）福の神ぞよ。

貧乏神（さち） ども。

福の神（正） （貧乏神を振り返り）くせっ。（若夫婦に）ありがてえ福の神ぞよ。

貧乏神（さち） 貧乏神だべ。

福の神（正） （無視して）はて？ ここにおってはならぬモノがみえたような……。（貧乏神を一瞥してから）まっ、錯覚でござろう。

若い男（正） 仲良くしてけろ。

福の神（正） 誰と仲良くとな？

若い男（正） 貧乏神さまだべ。


福の神は貧乏神をみる。それから若い男に、

福の神（正） わてと貧乏神が仲良くとな？

若い男（正） んだ。かわいそうだべ。

福の神（正） かわいそうとな。


福の神は貧乏神を再びみてから、若い男に、

福の神（正） まっ、それもよいでござろう。

貧乏神（さち） ありがてえ。福の神さま。

福の神（正） （貧乏神に）わてが来れば、そのボロっちい着物も立派になるぞよ。

貧乏神（さち） （喜んで）おら、うれしいだ！

福の神（正） （貧乏神に）餅もたらふく食えるぞよ。

貧乏神（さち） （喜んで）おら、腹いっぱい食べるのはじめてだ。


貧乏神は福の神に寄る。

福の神(正)　ウェ。

貧乏神は慌てて福の神から離れる。

貧乏神(さち)　なんでおらを避けるだ……。

若い男(正)　福の神さま。

福の神(正)　なんでござるかな？

若い男(正)　貧乏神さまをなして避けるだ？

福の神(正)　いやいや避けてはおらぬぞよ。

福の神は貧乏神を向いて、

福の神(正)　(貧乏神に)これ、苦しゅうない。近こう寄れ。

貧乏神(さち)　(福の神に頭を下げて)よろしく頼むだ。

貧乏神は福の神に近づく。

福の神(正)　ヒっ。(貧乏神を避ける)。

貧乏神(さち)　どしただ？

福の神(正)　……(我慢している)。

貧乏神は福の神に近づく。

福の神(正)　ヒッ。(貧乏神を避ける)。……(我慢している)。

貧乏神(さち)　どしただ？　福の神さま。

貧乏神は、さらに福の神に近づく。

福の神(正)　ウェ、くせ。あっち行け！　こん貧乏モンが！

福の神は戸口のところまで飛ぶ。

福の神(正)　もう我慢できぬ。

福の神は去ろうとする。去り際に、

福の神(正)　わて、帰るぞよ～。

福の神は去る。貧乏神はうつむいている。

若い男(正)　ありゃあ、帰ってしまわれただ。

嫁(正)　けんどあのお方、ひでえお方だべ。

若い男(正)　んだな。

貧乏神はうつむいている。

若い男(正)　どしただ？　貧乏神さま。

貧乏神(さち)　……。

若い男(正)　餅っこもねえ正月だけんど、お祝いするべ。

貧乏神(さち)　(コクリとうなずく)。

若い男(正)　貧乏モン同士、仲良くするでよ。

貧乏神(さち)　(コクリコクリとうなずく)。

若い男(正)　(嫁に)貧乏でもしあわせだべ。

嫁(正)　(うなずく)。

貧乏神(さち)　……えっ？

若い男(正)　どしただ？　貧乏神さま。

貧乏神(さち)　(若い男から離れていく)。

若い男(正)　(それに気づかず)貧乏でもしあわせだべなあ。

嫁(正)　んだな。

貧乏神は、若い男からますます離れていく。それに気づいた若い男、

若い男(正)　(貧乏神に)どしただ？

さち(中3)は黒子面をあげる。

さち(中3)　(正に)どうして？

正も黒子面をあげて、さち(中3)をみつめる。

さち(中3)は、貧乏神人形を手にもって、

さち(中3)　(貧乏神に)あんたさ、貧乏でも幸せなん？

さち(中3)は、正を無視して書き割りをしまい、机横の椅子に座る。

沈黙の間。

3　さちと正①

正は、椅子に座ったさちをじっとみつめる。
さち(中3)は黙ったまま。何も話さない。

正　(黒子面をとりながら)あの台詞、なんでしゃべらんとや。
さち(中3)　……。

沈黙の間。正はさちの横にある椅子に座る。

正　訳ばゆうてみ?
さち(中3)　……。

さちは立ち上がり、人形けこみに行く。そして貧乏神人形をいじりだす。正はさちをみつめている。

正　聞いてよかか?
さち(中3)　(すかさず)タダシはさあ、ないと?
正　なんが?
さち(中3)　言いたくない台詞。
正　う～ん。言いたくない言葉ならあるけどな。
さち(中3)　どんな?
正　たとえば……、そうだな。……親に感謝。
さち(中3)　フーン。なんで?
正　言いたくない。
さち(中3)　じゃあ、あたしも言いたくない。
正　(ため息)。

さち(中3)は、再び貧乏神人形をいじりだす。
正は、「文化祭まであと9日」と書かれた日めくりカレンダーまで歩く。

正　(カレンダーをみながら)文化祭どうするや?
さち(中3)　(人形をいじりながら)……わからん。
正　おまえさ、出るとやろ?　文化祭。

さち(中3)の人形いじりが一瞬止まる。

さち(中3)　な～ん言よると、タダシ。
正　じゃあどうするや。

さち(中3)は、人形をいじり続ける。正は、さちをみている。
沈黙の間。
校内放送が入る。

校内放送　♪(ピンポンパン)。6時です。全校生徒は下校時刻です。部活している生徒、文化祭準備をしている生徒、ただちに下校してください。

正は戸口をみてから、

正　そうだ、田中。
さち(中3)　なん?
正　おまえに見せたいもんがあるったい。明日持ってくるからな。
さち(中3)　……。
正　じゃ、今日は終わりにすっぞ。

正は去りかける。

さち(中3)　(正を止める)タダシ!
正　どうした?
さち(中3)　話があるっちゃけど。
正　すまん。いまから見回りせんといかん。明日でええか?
さち(中3)　……うん。

正は去る。さち(中3)は、リュックから退部届を取り出してみつめる。
さち(中3)は、退部届を机の上に置く。それから人形けこみに行き、貧乏神、嫁、若い男の人形をけこみ上に並べて、さっきのラストを一人で演じる。

さち(若い男)　(貧乏神に)びんぼうでも幸せだべ。
さち(貧乏神)　……気持ちわりぃ。(小4さちを呼んで）ねえ。

さち（小４）が記憶のエリアに出てくる。

さち（中３） 貧乏でもしあわせなん？ ばっかみたい。

さち（小４） ……。

さち（中３） 貧乏やと人間壊れるやろ。

さち（小４） （うなづいて中３さちをみる）。

さち（中３） 苦しいかって？ またその話？

さち（小４） （中３さちをみている）。

さち（中３） お面？

さち（小４） （うなずく）。

さち（中３） あたしんちフツーじゃない。だけんお面つけると。

さち（中３）は机のところに行く。黒子面を通学リュックに入れる。それから、さち（小４）の方を向いて、**これみよがしに仮面をつけて**、退部届を机の上に置く。そして戸口から出ようとするが、

さち（中３） （小４さちに）お面はずしたら、……ラクになれるかな……。

さち（小４）は、記憶のエリアの落書きをみつめる。それから駆け去る。

4 さちと正②

仮面をつけたさち（中３）が「ＤＶを見せられることも虐待です」のポスターに目もくれず、部室に入ってくる。ジャージ姿である。

校内放送 ♪（ピンポンパン）。文化祭まであと８日です。みなさん頑張って成功させましょう。なお、今日の下校時刻も６時です。下校時刻を守って、計画的に文化祭準備にとりくんで下さい。

放送の途中で、さち（中３）が部室に入ってくる。そして、日めくりカレンダーをめくる。カレンダーは「文化祭まであと８日」となる。

正がやってくる。正は戸口の外で、持ってきたノートをみる。それから部室に入ってくると、

正 これ、昨日言ってたヤツ。

ノートを、さち（中３）に渡そうとする。さち（中３）は、ノートの上に退部届を置く。

さち（中３） あたしもこれ。昨日言ってたヤツ。

正 ……なんや？

さち（中３） 読んで。

正はノートを机の上に置いて、退部届を受け取る。

正 （眼鏡をはずして読む）退部届かぁ。

さち（中３） いままでお世話になりました（最敬礼）。

さち（中３）は、通学リュックを持って帰ろうとする。

正 待ってんや。

さち（中３） ……。

正 文化祭、楽しいぞぉ。

さち（中３） （すかさず）でらん。

正は、退部届をみつめる。

正 ちょっと座ってみ。

さち（中３） 帰らんと。

正 ええから座らんや。

さち（中３） ……。

正 話があるったい。

さち（中３）は、机横の椅子に座る。正は部室上手の椅子に座り、

正 退部の理由はなんや。

さち（中３） ……。

正　おまえ、がんばってきたやろ。

さち(中3)　……。

正　(退部届をみながら)やっぱあの台詞か?

さち(中3)　……。

正　田中の言葉で、台詞変えてもいいとぞ。

さち(中3)　……。

　正は、机上に置いていたノートを手に取り、

正　これ、読んでみろ。

さち(中3)　(ノートをチラリとみる)。

正　おれが、おまえの頃書いたヤツたい。

さち(中3)　(ノートを手に取る)。

正　昨日さ、おれも言いたくないことあるっち言うたやろ。だからおまえの言いたくない気持ちもようわかるったい。

さち(中3)　……。

正　(上手の椅子を近づけて)役に立つかもしれんぞ。

さち(中3)　なんの?

正　あの台詞の代わり、探すのに役に立つったい。読んでみろ。

　さち(中3)は、正をチラリとみるが、

さち(中3)　返す。

　正は手に持っていた退部届を、

正　じゃ、これも返す(と、机上に置く)。

さち(中3)　あたし辞めるとよ。

正　(素知らぬ風に)明日も来いよ。

さち(中3)　なんでやめさせてくれんと。

正　……とにかく今日は稽古なしたい。その代わり、それ(ノートのこと)、読んでほしい。

　正は立ち去る。

さち(中3)　(正の去った方をみる)。

　間。

　さち(中3)は起き上がり、正のノートをリュックに入れる。それから、人形けこみに行く。

　さち(中3)は仮面を外す。

　眼鏡を置き忘れていた正が部室に戻ってくる。ふと部室をみると、さち(中3)が仮面を外していることを目撃する。

　さち(中3)は、それに気づかない。人形けこみに行って、人形たちを見る。それから思い切って、

さち(若い男)　びんぼうでも幸せだべ!

さち(貧乏神)　ちがうべ!

さち(若い男)　……。

さち(貧乏神)　おら言いてえだ。おら、……おら……、(あとの言葉が出てこない)。

　貧乏神人形と若い男人形は、そのままで動きが止まってしまう。

さち(中3)　(貧乏神人形を手にとり)あんたが言いたいことってナニ?

　さち(中3)は、貧乏神人形を放り出して、

さち(中3)　あたし、何が言いたいわけ……。

　さち(中3)は頭を抱える。

さち(中3)　わからんし。

　さち(中3)は、貧乏神人形をしまう。正と目が合う。

　さち(中3)は慌てて仮面を被る。

　正は部室に入ってくる。

さち(中3)　(正に)みた?

正　……うん。おまえさ、

　さち(中3)は正を無視して、退部届を人形けこみの上に置く。それからリュックを手に取って去ろうとする。去り際に、

さち(中3)　気持ちかわらんし。

と、退部届を人形けこみに置いて、さち（中3）は去る。

正は置き忘れていた眼鏡をかけて、さち（中3）を見おくる。それから退部届を手に取り見つめる。去る。

さち（中3）が記憶のエリアに出てくる。仮面をとって、記憶のエリアの落書きをじっとみつめる。

さち（中3）　田中さち、どろぼう。

さち（小4）が記憶のエリアに出てくる。さち（中3）と一緒に落書きをみつめる。

さち（中3）　お面、こんときからつけた。

さち（小4）　（中3さちをみる）。

さち（中3）　お面つけると安心するやん。

さち（小4）　（中3さちをみている）。

さち（中3）　はずせ……、お面を？　また言うと……。

さち（小4）　（うなずく）。

さち（中3）　どっか行ってよ！

さち（小4）は去る。

さち（中3）　（独白）はずせたら苦労せんし。

さち（中3）は去る。

5　さちと正③

校内放送　♪（ピンポンパン）。文化祭まであと7日です。最後の追い込みとなりました。みなさん、必ず下校時間を守って、みんなで協力して取り組んでください。

正が部室に入ってくる。正が日めくりカレンダーをめくると、そこには「文化祭まであと7日」の文字が。それから正は、人形けこみに入り、昨日さち（中3）が置いていったままの人形たちを片付ける。

正のノートを手にしたさち（中3）が部室に入ってくる。**さちは仮面を被っている。**

正をじっとみつめている。

正がさち（中3）の視線に気づくと、

さち（中3）　なんこれ（ノートのこと）。タダシが受けた虐待しか書いとらんやん。

正　……。

さち（中3）　返す。

さち（中3）は、ノートを人形けこみの上に置いて、帰ろうとする。

正　待てって。

さち（中3）　（立ち止まる）。

正　話ば聞かんや。

さち（中3）　……。

正　俺のこと、話す。

さち（中3）は机横の椅子に座る。

正はノートを手に持つ。

沈黙の間。

正　おれさあ、虐待受けよったとき、お面つけるようになったったい。

さち（中3）　……。

正　聞いてよかや？

さち（中3）　……。

正　おまえもお面つけとらんや。

さち（中3）　（ビクッとする）。

正は、ノートをパラパラとめくる。

正　最後のページ、読んだや？

さち（中3）　読んでない。

正　（ノートを机上に置いて）じゃあ読んでみろ。

さち（中3）　……。

正　おれ、一回職員室戻るから。その間に読んどけよ。

正がノートを机の上に置いて去る。

さち（中3）は机に近づきノートをみつめ、

最後のページを開く。

やがて読み始める。だんだんと最後のページに書かれた内容に引き込まれていく。

さち（小4）が、さち（中3）をみつめながら記憶のエリアに現れて、落書きをみつめる。

さち（中3）は、正の去った方をみつめる。さち（小4）に気づき、

さち（中3）　（小4さちに）ねえ。

さち（小4）　（中3さちをみる）。

さち（中3）　お面、自分からはずしたんだって。タダシ、自分ではずせたんだって……。

さち（小4）　（記憶のエリアの椅子の上にいく）。

さち（中3）　なに？

さち（小4）　（中3さちを指さす）。

さち（中3）　いま？……あたしが？

さち（小4）　（うなずく）。

さち（小4）は、さち（中3）をじっとみつめたまま後ずさり、去る。

さち（中3）　（つぶやく）はずす……。お面を？

さち（中3）は記憶のエリアの落書きをみつめる。そしてノートをみつめる。

考える間。

正が扉から入ってくる。さち（中3）が読んでいるのをみつけて、

正　（嬉しそうに）読んだか？

さち（中3）　（ノートを見つめたまま）聞いていい？

正　なんや？

さち（中3）　（ノートをみつめたまま）なんで自分からお面はずせたと？

正　……中3のとき、担任から言われた。

さち（中3）　（ノートをみつめたまま）なんて？

正　……うん。お面はずしたらラクになるって、……そういわれた。

さち（中3）　（つぶやく）お面はずしたらラクになる……。

さち（中3）は落書きを見る。そして立ち上がる。

そのまま吸い寄せられるように、記憶のエリアに近づく。正はその様子をみつめる。

さち（中3）は落書きをみつめたまま、静かに仮面をとる。

さち（中3）　小4のとき、あたし、ドロボウにされた。

正　……。

さち（中3）は、部室上手の椅子に座る。

さち（中3）　学校の友達から預かったお金、誰かから盗られた。たった百円なんだけどね。親に言ってお金もらいたかった。だって百円だよ。……でも言ったら、パパがママを殴る。どうしても言えんやった。あたしんち、いまもそう。ウチにお金ないとひどくなる。……あれがはじまると、あたし、みたくなくて……隣の部屋に逃げる、止めもせんで。……でもそんな自分がいやになる。自分隠したくなる。お面つけんと、学校いけんとよ。

正　……。

さち（中3）　タダシもそうやった？

正　うん。

さち（中3）　ほんとに？

正　（椅子に座って）俺もそうやった。

さち（中3）はホッとする。さち（中3）は、お面を顔の近くからおろして、部室上手の椅子に座り込む。それは素顔のさちである。

さち（中3）　そっか。……なあんだ。

正は机の上に置かれた退部届を手にとる。

正　これ（退部届のこと）、どうするや？

さち（中3）は、それをみて「文化祭まであ

と7日」とある日めくりカレンダーをみる。

正　どうした？

さち（中3）　……（立ち上がって）いまわかった。

正　……。

さち（中3）　あたし、文化祭でナニかを変えたかった。……お面とりたかったんだ。……あれ？

　さち（中3）は、仮面と正を交互に見て、

さち（中3）　……ごめん、タダシ。あたしの文化祭、おわっちゃった……。

　正はあっけにとられて、退部届をみつめる。そして、

正　……そうだな。退部届、もらっとくよ。

さち（中3）　……うん。ごめん、タダシ。

　正は、さち（中3）をみつめて、ノートをみる。退部届とノートを見較べる。そして、

正　田中。

さち（中3）　なに？

正　これ。

　正はノートをさち（中3）に差し出す。

正　おまえに貸すよ。

さち（中3）　……。

正　代わりの台詞、まだみつけとらんやろうが。

さち（中3）　文化祭でらんよ？

正　うん。……でもな、文化祭と代わりの台詞探すのと、なんかちがう気がするったい。

さち（中3）　……うん。

　さち（中3）はノートを受け取る。正は人形けこみに行って、貧乏神人形をとりだす。

正　（貧乏神人形を使って、中3さちに話しかける）田中さち！

さち（中3）　……。

正　これ、おめえさまの宿題だべ！

さち（中3）　……（吹き出して）プッ。アハハハハ。なんそれ。

正　……（照れ隠しで）じゃ、気を付けて帰るんだぞ。

　正は去る。

6 エピローグ～さちとさち②

　さち（中3）は、けこみの上に置かれたノートの最後のページをめくり、もう一度読む。

さち（中3）　（ハッと気づく）。

　さち（中3）は、書き割りを出す。それから若夫婦の人形をけこみの上に出し、貧乏神人形を出す。

さち（中3）　ねえ。

　さち（小4）が記憶のエリアに出てくる。

さち（中3）　（小4さちに）みてて。

さち（小4）　……。

さち（若い男）　貧乏でもしあわせだべ。

貧乏神（さち）　貧乏ならひでえ目にあうだ！

　さち（中3）は、貧乏神人形を若い男人形に近寄らせて、

貧乏神（さち）　福の神、……おらのこと、くせえっち言うたべ！

　さち（小4）は、落書きを振り返る。

貧乏神（さち）　でもおら、……がまんしただ。

　さち（小4）は、貧乏神をみる。

貧乏神（さち）　（若夫婦に）おら、がんばったべ？　ずっとがんばってきたべ。

若い男・嫁（さち）　（うなずく）。

さち（中3）は、貧乏神人形を手に取り、

さち（中3）　（貧乏神人形をみつめて）あたしもがんばってきた。

さち（中3）は、さち（小4）をみつめて、

さち（中3）　お面つけて頑張った。……そうやろ？

さち（小4）　（うなずく）。

さち（中3）　（つぶやく）そうやん。がんばっとった……。なんで気が付かんやったんだろう……。

さち（中3）はお面をみて、

さち（中3）　お面とったから？

さち（小4）　（中3さちをみつめる）。……。

さち（中3）は人形たちをしまう。

さち（中3）　（若夫婦人形をしまいながら）あたし、中学出たら働く。

さち（小4）　……。

さち（中3）　（小4さちをみて）夜間高校に行く。

さち（小4）　……。

さち（中3）　大丈夫かな？

さち（小4）　（うなずく）。

さち（小4）は、記憶のエリアの落書きを振り返る。

さち（中3）と二人で落書きを見つめる。

さち（中3）　こんときからだよね、あんたがいてくれたの。

さち（中3）は記憶のエリアに入ってくる。

さち（中3）は、落書きを持ち上げ、ビリビリと引き裂き、捨てる。

さち（小4）は、破り捨てられた落書きをみる。そして、中3さちを見ながら後ずさる。

さち（小4）　（立ち止まる）。

さち（中3）　さよなら？

さち（小4）　（うなずく）。

さち（小4）は去っていく。

さち（中3）は、去っていくさち（小4）を見送る。

音楽。

さち（中3）は部室のエリアに戻ってきて、仮面とノートをリュックにしまう。

リュックを持って部室の外へ出る。ふと、壁のポスターが目に入る。

「DVをみせられることも虐待です」。

さち（中3）は立ち止まり、ポスターを見つめる。そっとポスターに手を触れる。部室を振り返り、

さち（中3）　（未来へ踏み出すように）さよなら、あたし。

誰もいなくなった部室。やがて溶暗。

音楽消えていく。

——幕——

▼本作品『さちの物語』は、作者の受講する「児童青少年演劇のための劇作家養成講座」（ふじたあさや講師／公益社団法人日本児童青少年演劇協会主催）で優秀作品に選出されました。

▼作者の主宰する「舞台アート工房・劇列車」（福岡・久留米市）はP新人賞２０２２を受賞（文化庁・特定非営利法人愛知人形劇センター主催）。２０２３年12月17日（日）、損保ジャパン人形劇場ひまわりホール（名古屋市）で受賞記念公演が開催され、作者自身の演出（出演も）で本作品『さちの物語』が上演されました。